KB113879

진짜 아픈 사람 맞습니다

일러두기

*   이 책의 저자는 순천교도소와 서울구치소에서 근무
했으며, 김천소년교도소, 대구교도소, 인천구치소,
광주교도소, 서울동부구치소에서 파견근무했습니
다. 따라서 책 속 교도소 또는 구치소가 특정 소를 의
미하지 않는 경우가 있으며, 수용자의 정보는 비식
별화했음을 밝힙니다.

진짜 아픈 사람 맞습니다

최세진 지음

교도소로 출근하는 청년 의사,
그가 만난 감춰진 세계

조금 다른 곳에서 시작된 이야기

대부분의 의대 동기들은 학생 때부터 실습을 돌던 병원에서 다 같이 인턴 생활을 시작했다. 이름만 대면 누구나 아는 대학병원에서 자신의 이름이 새겨진 흰 가운을 입고 인턴이 된 것이다. 누구에게든 쉽지 않은 병원 생활이지만, 적어도 그들에겐 언제든 환자에 관해 물어볼 수 있는 동료와 레지던트 선배들이 있고, 그 위로는 펠로 선생님이, 그리고 권위와 명성을 지닌 교수님이 있었다. 또한 환자들은 어쨌든 자발적으로 진료를 받기 위해 병원에 온 사람들이었다.

　의대에 입학하면서부터 어느 정도 정해져 있다고 할 수 있는 이 경로에서 이탈한 나는 살면서 한 번도 만난 적 없는 사람들 사이로 뛰어들었다. 졸업하고 3년 동안 교정시설구치소와 교도소에서 공중보건의사[1]로 근무하며 군 생활을 대신하기로 한 것이다. 대부분의 공중보건의와 같이 도서산간지역 보건소로 갈 수도 있었지만 나는 교정시설이 궁금했다. 그래서 기피 근무지인 교정시설에 지원했다.

이전에는 교정시설에 가 본 적도, 교도관들을 만난 적도 없었다. 수용자들은 더더욱 마주할 일이 없었다. 그렇게 수용자가 1,500명인 순천교도소에서 유일한 상주 의사로 첫 근무를 시작했으니, 낯설어도 너무 낯선 시작이었다.

흔히 의사의 가장 큰 스승은 환자라고 한다. 의대를 갓 졸업한 의사는 절대 능숙한 직업인이 아니다. 그런 의미에서 나에게 의사로서 첫 자세를 가르쳐 준 곳은 교도소며, 나의 첫 스승은 교도소 수용자들이다.

---

[1] 한국에서 의사로서 대체 복무를 하는 방법은 크게 세 가지다. 공중보건의사, 군의관, 병역판정의사. 군의관은 전국 각지 군부대에서 군 장병들의 진료를 담당하는 의사다. 병역판정의사는 병무청에서 신체검사를 하고 신체 등급을 결정하는 의사다. 공중보건의사는 〈농어촌 등 보건의료를 위한 특별법〉에 따라 농어촌 보건지소/보건소, 교정시설과 같이 의사가 부족한 곳의 의료 수요를 채운다. 예를 들어 울릉도에서 갑자기 허리를 다쳐 울릉의료원에 갔다면 그곳에서 처음 마주하는 의사는 공중보건의사일 가능성이 높다.

지원해서 들어온 교도소였지만, 근무 초반엔 많이 혼란스러웠다. 무엇이든 처음이 중요하다는데, 처음부터 나쁜 길로 들어선 것일까? 서울대병원에서 첫 자세를 배웠다면 달랐을까? 다행히 시간은 흘렀다. 다를 것 같았지만 다르지 않은 것들이 있었고, 짐작보다 훨씬 다른 부분도 있었다. 그렇더라도 내가 경험한 다름이 나쁜 다름은 아니었다고 생각한다. 아니, 사실 대체 불가한 소중한 경험이었다. 교정시설에는 분명 세상 어느 곳에서도 볼 수 없는 의사의 스승, 환자들이 있다.

첫 직장이었던 순천교도소에서 나는 매일 평균 80명을 진료했다. 근무 시간은 오전 9시에서 오후 6시까지였지만, 수용자들의 폐방 시간본인 방으로 돌아가야 하는 오후 4시경이 정해져 있기 때문에 근무 시간이 모두 진료 시간은 아니었다. 하지만 이를 아쉬워할 틈은 없었다. 정규 진료 외 응급 진료를 요청하는 이들이 항상 넘쳐났으니까.

이곳에서 나는 각종 처치를 해 가며 매일 경험을 쌓았다. 어리숙함은 여기저기에서 묻어났다. 상처 봉합은 모형에만 해 보았는데 이곳에서는 예고 없이 실제 환자가 들이닥쳤다. 거울을 깨고 자신의 손목을 그은 환자, 같은 방 수용자와

싸워서 눈썹 위가 찢어진 환자……. 교도소가 아니라면 이렇게 자주 만났을 리 없는 환자들이 매일 진료실을 찾았다. 그럴 때는 드라마 〈하얀 거탑〉의 외과의사라도 되는 양 의연하게 상처를 소독하고 꿰맸다. 그러려고 노력했다. '별거 아니야. 연습한 대로 하면 돼.' 속으로 다짐하며 애써 떨림을 감췄다. 그런 시간을 거쳐 나의 근무 공간인 교도소 진료실을 다르게 볼 수 있는 시야가 생겼다.

교도소 진료실은 환자도 의사도 서로에게서 도망갈 수 없는 애증의 공간이다. 어떻게든 교도소 바깥으로 나가 병원 진료를 보려는 수용자와 그들 사이에서 진짜 환자를 가려내려는 의사가 대립하고, 정말 아파서 진료실을 찾은 환자와 진료 전부터 이를 꾀병이라고 단정 짓는 의사가 서로를 책망한다. 진료 태만이라며 국가인권위에 민원을 넣겠다고 윽박지르는 수용자와 여기에 지지 않고 직업인으로서 해야 할 일을 해 나가는 의사가 대결한다.

그러나 교도소 진료실에는 수용자의 몸을 가장 가까이에서 들여다보는 의사가 있고, 가장 아플 때 나오는 자신의 맨 얼굴을 의사에게 들키고 마는 환자가 있다. 아파도 아픈 줄 모르고 자신이 어떤 치료를 받을 수 있는지도 그려 보지 못하는 환자가 있고, 이를 안타깝게 지켜보는 의사가 있다. 바깥 사람들에게 사람도 아니라는 비난을 받는 수용자가 있고, 그를 인간으로 존중하고 환자로서 연민해야 자기 노동의 의미를 찾을 수 있는 의사가 있다. 그리하여 교도소 진료실은 매 순간 각축의 장이다. 이곳에서 근무하며 나는 매일 일어나는 사건사고들에 잠식당하지 않게 해 달라고 자주 기도했다.

애초에 나는 왜 교정시설에서 일하기를 희망했나. 그리고 왜 그 이야기를 책으로 쓰겠다고 나섰나. 대단한 의사여서도, 엄청난 걸 이루기 위해서도 아니다. 특별한 경험을 많이 해서도 아니다. 글을 맛깔나게 잘 써서 그런 것도 아니다.

교정시설은 의사로서, 그리고 한 인간으로서 고민하게 하는 공간이다. 어울리지 않는 것들이 공존하는 공간이다. 3년 동안 나를 따라다닌 질문들을 독자들과 나누고 싶었다. 범죄자를 세금으로 치료해 주는 것이 옳은지, 사회적 취약함이 범죄를 만드는지, 태생적 악함이 범죄자를 낳는지, 돌봄과 감시가 범죄를 막을 수 있는지, 범죄자는 정말 교정될 수 있는지, 범죄자에게도 행복할 권리가 있는지, 과실과 의도는 어떻게 구분할 수 있는지, 사람의 의지가 한계에 부딪히는 때는 언제인지……. 그래서 서툴지만 뜨거웠던 교도소 의사 생활 이야기를 시작한다.

이 책은 3년간 순천교도소와 서울구치소에서 일한 공중보건 의사의 기록이다. 대구교도소, 김천소년교도소, 광주교도소, 서울동부구치소에 파견을 나가 근무하며 중차대한 상황에서 코로나19에 대응한 경험도 함께 담았다. 아직 갈 길이 많이 남은 청년 의사기에, 어깨에 힘주고 무겁게 써 내려가기보다는 의미와 재미가 모두 살아 있는 책을 쓰고 싶었다. 독자들에게 흥미진진한 읽을거리가 되었으면 좋겠다.

차례

1장 낯선 풍경

형의 집행 및 수용자의 처우에 관한 법률 제2조

1. "수용자"란 수형자, 미결수용자, 사형확정자 등 법률과
   적법한 절차에 따라 교도소, 구치소 및 그 지소(이하
   "교정시설"이라 한다)에 수용된 사람을 말한다.
2. "수형자"란 징역형, 금고형 또는 구류형의 선고를 받
   아 그 형이 확정되어 교정시설에 수용된 사람과 벌금
   또는 과태료를 완납하지 아니하여 노역장 유치명령을
   받아 교정시설에 수용된 사람을 말한다.
3. "미결수용자"란 형사피의자 또는 형사피고인으로서
   체포되거나 구속영장의 집행을 받아 교정시설에 수용
   된 사람을 말한다.
4. "사형확정자"란 사형의 선고를 받아 그 형이 확정되
   어 교정시설에 수용된 사람을 말한다.

사형대 앞 진료실

더 나은 내일 희망의 교정

관사에서 15분 정도 열심히 걸어가면 구치소 현판이 보인다. 여기서부터 다섯 개의 문을 통과해야 내가 근무하는 진료실에 출근할 수 있다. 문들을 통과하다 보면 교토 후시미 이나리 신사의 센본 도리이주황색 문이 천 개 이상 이어져 긴 터널을 이루고 있다.를 지나가는 기분이 든다. 인간 세계에서 신의 세계로 넘어가는 관문인 도리이를 지날 때처럼, 구치소 문을 다 통과하면 신의 세계는 아니지만 그 어느 곳에서도 보지 못한 '교정의 세계'가 펼쳐진다. 애니메이션 〈센과 치히로의 행방불명〉의 터널 저편 기묘한 마을에 가까운 세계라고 할까.

이름을 빼앗기는 그 마을처럼 이곳에서 수용자들은 이름이 아닌 번호로 불린다. 되는 것보다 안 되는 게 더 많은 세계, 남성 수용자에게는 금녀의 공간, 여성 수용자에게는 금남의 공간이다.

　교정시설은 인터넷 지도에 정확하게 나오지 않는다. "서울구치소 삼거리" 이런 식으로 검색해 대략적인 위치를 파악한 후 그다음부터는 표지판에 의존해 찾아가야 한다. 위성 지도로 보면 숲으로 덮여 있는 지역으로 나온다. '국가중요시설'로 분류되기 때문이라는데, 교정시설이 국가중요시설인 이유에는 여러 가지 설이 있다. 그중 하나는 전쟁이 났을 때 적국이 교정시설을 폭격하면 수용자들이 탈옥해 사회혼란을 일으킬 수 있어서 그렇다는 설이다. 사실 여부는 확실치 않다. 다만, 예전엔 경비교도대란 이름으로 교정시설에서 군복무가 이루어지기도 했단다.

출근을 위해 첫 번째 문을 통과한다. "더 나은 내일, 희망의 교정"과 같이 교화적인 문구가 쓰여 있는 이곳은 외정문이다. 이곳을 지나기 위해서는 법무부 공무원증을 패용해야 한다. 나는 이 직원증을 목에 걸 때마다 기분이 좋아진다. '법무부'라는 세 글자가 마음에 든다. 의사인 내가 언제 또 법무부 직원증을 달아 보겠나.

전국 50여 개 교정시설은 교정본부 관할로, 교정본부는 법무부 소속이다. 뻔한 사실일지 모르나 솔직히 고백하면 나는 이곳에서 의사 생활을 시작하기 전까지 몰랐다. 그만큼 관심이 없었다.

외정문과 교도소 담장 사이는 일종의 교정 캠퍼스다. 보안시설로 분류되지 않는 소장실과 각종 행정 사무실, 그리고 면회실이 이 구역에 있다. 주차장, 테니스장, 연무관 등도 여기 위치해 있다. 서울구치소는 워낙 규모가 커서 직원 어린이집과 교정위원을 위한 공간도 따로 마련돼 있다.

두 번째 문은 내정문이다. 이 문을 통해 교도소 담장 안쪽으로 들어간다. 직원이 아니라면 여기서부터 보안검색을 통과해야 한다. 휴대폰 등의 전자기기를 맡겨야 하고, 엑스레이 검색대에서 소지품 검사를 받아야 한다. 주로 변호사, 자원봉사자, 수사관 등이 이 문을 통과한다. 출소가 아니라면, 수용자는 자기 발로 내정문 바깥으로 나올 수 없다.

내정문을 통과하면 또다시 운동장처럼 넓은 공간이 펼쳐진다. 이곳에서 종종 보호장구를 차고 호송차량에 오르내리는 수용자 모습을 볼 수 있다. 재판장에 출정하거나 다른 시설로 이송되는 수용자들이다. 그 모습을 보면 '내가 교도소에 와 있구나' 하고 실감하게 된다. 응급환자를 위한 앰뷸런스도 여기에서 대기한다.

이 공간을 지나면 본격적으로 수용자들이 생활하는 건물^수용동이다. 수용동에 들어서면 교정시설에서 가장 규모가 큰 보안과 사무실과 직원 휴게실이 나온다. 여느 직원 휴게실과 다른 점은 이곳에는 휴대폰 보관함이 있다는 것이다. 몇몇을 제외하고 직원들은 여기에 휴대폰을 두고 근무를 해야한다. 이다음 구역부터는 휴대폰 반입이 불가하기 때문이다.

휴대폰 반입에 왜 이렇게 민감할까? 규칙들은 문제가 발생했기 때문에 생겨난 경우가 많다. 이 규칙도 마찬가지다. 원래는 휴대폰 사용이 가능했는데, 수용자와 교도관이 휴대폰 사용을 놓고 금전 거래를 하다가 적발됐다고 한다. 바깥과의 소통이 단절된 수용자들에게 휴대폰은 확실히 신적인 존재가 될 수 있다. 미국 드라마 〈오렌지 이즈 더 뉴 블랙Orange Is the New Black〉에 휴대폰을 몰래 반입한 수용자들이 필사적으로 화장실 벽 안에 휴대폰을 숨기는 장면이 나오는데, 이는 미국에서만 연출되는 장면은 아닐 것이다.

처음 순천교도소에서 직장 생활을 시작할 때는 휴대폰을 못 써서 너무 답답했다. 평소 휴대폰을 손에서 놓지 못하는 스타일이라 더욱 그랬는지, 휴대폰 없이 일곱 시간 이상을 보내니 금단증상이 왔다. 흔히 금단증상을 설명할 때 '불안과 초조'라는 표현을 쓰는데, 정말 불안과 초조함이 한가득 밀려왔다. 다행히 며칠 지나자 금단은 극복할 수 있었다. 지금은 오히려 휴대폰 없는 자유를 즐긴다.

서울구치소는 수용동의 첫 번째 철문을 통과하면 입소, 출소, 출정이 이루어지는 공간이 나온다. 바깥과 안의 중간단계 사람들이 있는 공간이다. 그다음 철문을 통과하면 이제 진짜 수용자들의 생활공간이다. 여기에 각 사동舍棟.수용자들이 생활하는 방들이 위치한다.

영화 속 한 장면처럼 머리를 빡빡 깎은 40~50대 수용자들이 꾸벅 인사를 해 온다. 때로는 내 얼굴을 빤히 쳐다보는 수용자도 있다. 이들을 의연하게 마주하거나 무시하며, 기싸움이라도 하듯 발걸음에 힘을 싣는다. 마치 100미터 달리기 트랙처럼 곧게 뻗은 이 수용동 복도를 내로라하는 정재계 인사들이 걸었고, 'N번방'과 '버닝썬' 연루자들이, 언론의 헤드라인을 뜨겁게 달구었던 연쇄살인범들이 걸었다. 낡은 시멘트 바닥의 이 복도가 내 출근길이다.

드디어 '의료과' 표찰이 보인다. 여기가 바로 나의 근무 공간인 진료실이다. 서울구치소 의료과는 사형대 바로 앞에 있다. 사형 집행 후 의사가 시신을 확인하고 사망선고를 했기 때문이라는데……. 이곳에서 사형이 집행된 지는 한참 되었지만, 굳게 잠긴 사형대 문 사이로 스산한 공기가 스며 나오는 듯한 느낌은 막을 수 없다.

여기까지 읽고 긴장한 독자들도 있을지 모르겠다. 교정시설을 처음 방문하는 분들이 보안검색대 앞에서 자연스레 손에 힘을 주는 것처럼. 나도 처음엔 그랬다. 하지만 이곳이 직장이다 보니, 근무 며칠 만에 익숙해졌다. 인간의 적응력이란 생각보다 대단하다. 아니, 직장인들이 대단하다 해야 할까.

꾀병 감별사로 살아가기

꾀병malingering은 질병코드가 지정돼 있는, 반드시 감별 진단해야 하는 질병이다. 꾀병은 이차적인 목적을 가진 환자에게서 주로 발현되며, 특별한 목적 없이 질병이나 장애를 일부러 만들어 내거나 가장하는 인위장애factitious disorder와는 다르다. 즉, 목적이 있으면 꾀병이고, 목적이 없으면 인위장애다.

교정시설은 꾀병 천지다. 수용자들은 약을 더 받아 가기 위해서, 원하는 방보통 독방이나 병동을 원할 때가 많다.으로 옮기기 위해서, 출역공장 노동, 수용동 도우미, 간병, 직원 이발 등의 일을 나가는 것을 하지 않기 위해서, 외진외부 진료을 나가기 위해서 꾀병을 부린다.

　약을 더 받아 가고 싶어 하는 수용자들 얘기부터 해 보자. 약에 중독된 사람이든 아니든, 약에 취해 낮 동안 적당히 몽롱한 상태로 지내고 싶어 하는 수용자들이 있다.

"약에 취해야 긴 징역을 조금이라도 짧게 느끼지 않겠습니까."

한 수용자가 넌지시 건넨 말이다. 이곳에 갇혀 자유에 제한을 받으며 시간을 보내라는 것이 형의 의미인데, 그 의미를 고의적으로 퇴색시키려 하다니. 수용자는 솔직하게 말했을 뿐이지만, 나로서는 어이가 없었다.

약을 여러 알 얻고 싶어서 같은 방 사람들에게 의료과에 비슷한 증상을 말하라고 종용하는 수용자도 있다. 수용자를 진료할 때 누구와 같은 방을 쓰는지 거실 정보를 무시해서는 안 되는 이유다.

바셀린 같은 피부 연고는 많을수록 좋다고 생각해서, 기회가 될 때마다 받아 놓고 쟁여 두는 사람도 있다. 또 약이 듣지 않는다고 하소연하는 수용자도 정말 많다.

"내가 지금 약을 두 달째 먹고 있는데 좀체 몸이 낫지를 않고 온몸이 쑤셔요. 약이 효과가 없는 것 같아요."

분명 교도소에서 주는 약과 밖에서 파는 약이 다르지 않은데 유독 교도소 약이 안 듣는다고 하니 희한한 일이다. 이럴 때는 보통 의도가 둘 중에 하나다. 첫째, 강력한 진통제를 고용량으로 먹고 싶어서. 둘째, 외진을 나가고 싶어서. 외진은 수용자들이 바람을 쐴 수 있는 거의 유일한 기회로, 이를 원하는 수용자들은 비슷비슷한 레퍼토리로 말한다. "그냥 약만 주지 말고 뭐라도 해 줘야 하는 거 아니에요?" 교도소에서 계속 약만 줘서 질병이 악화됐다고 고소하겠다는 수용자도 있다.

스스로를 정신질환자라고, 성소수자라고 주장하며, 방 변경을 요청하는 수용자들도 있다. 인체면역결핍바이러스[2] 보균 수용자는 독거 수용된다는 사실을 알고 이를 가장하는 사람도 있다. 확인을 위해 HIV 검사를 하겠다고 하면 피검사를 거부한다.

정신질환을 앓고 있다고 주장하는 수용자를 정신질환자 사동으로 보낸 적이 있다. 옆에서 잠도 안 자고 혼잣말하는 수용자와 생활하게 된 그는 며칠 뒤 진료실로 찾아와 이실직고했다. 원래 있던 방으로 돌아가겠다며.

징역은 범죄자를 일정 기간 구금하고 노역에 종사하게 하는

---

[2]   HIV, 에이즈를 일으키는 원인 바이러스.

형벌이다. 즉, 실형을 선고받은 모든 수용자는 기본적으로 일을 해야 한다. 하지만 일을 할 만한 건강 상태가 되지 않으면 일을 나가지 않아도 된다. 일을 하고 싶지 않은 사람에겐 의료과의 진료가 면죄부가 되기도 하는 것이다.

"제가 전에 있던 소에서도 허리가 아파서 계속 치료거실에 있었는데 말입니다.치료거실은 일종의 병실로, 몸이 안 좋은 수용자가 치료를 받는 동안 누워 있을 수 있게 허가되는 곳이다. 학교의 보건실을 생각하면 이해가 쉬울 것이다."

수용자가 이렇게 말할 때는 예전 기록을 살펴본다. 역시나, 치료거실에 있었던 기록이 없다. 이렇게 말하는 사람들의 열에 아홉은 매우 건강하다. 약간은 아플 수도 있을 테지만, 편한 데 있고 싶다는 의도가 훨씬 크다.

교도소 의사 1년 차엔 이런 수용자들을 '특별관리'했다. 운동장에 따라 나가서 그들을 지켜보는 것이다. 족구하는 모습을 보면, 이 사람들이 날라차기 하는 공에 맞지 않게 조심해야 한다. 분명 허리가 아프다 했는데.

"방에서 누워 있을 수 있게 시찰이라도 좀 써 주시면 안 되겠습니까?수용자들이 '시찰'이라고 표현하는 것은 의무기록에 자신의 상태를 남기고, 누워 있을 수 있게 보안과에 잘 좀 말해 달라는 의미가 크다."

치료거실이 안 된다고 하면 시찰 운운하는 수용자들이 있다. '치료거실을 불허했으니 이건 미안해서라도 해 주겠지'라는 생각이고, 사실 이 정도엔 못 이기는 척 넘어간 적도 종종 있다.

3년 차에 접어들면서부터는 운동장에 기습 방문한다든지, 야밤에 굳이 출근해서 사동을 돌아다니며 수용자들의 수면 상태를 확인한다든지, 하지는 않는다. '나는 의사지, 검사나 경찰이 아니다.' 스스로를 타일렀다. 순천교도소에서 1년 차를 보낼 때는 "검사 하면 잘할 것 같다", "도베르만 같다"는 소리를 자주 들었다. 한때는 이 말들이 칭찬이라고 생각했는데, 어지간히 할 걸 그랬다. 그래도 그런 시간 덕분에 알게 된 사실들이 있다.

첫째, 거짓말하는 게 너무 명백해도 그냥 들어 주고 믿어 주는 것이, 환자와 의사의 관계에 궁극적으로는 더 도움이 된다. "지금 꾀병 부리는 거 아닙니까?" 하고 정색하고 말하면 당시에는 속 시원할지 몰라도 수용자에게 '어? 이 사람은 내 말을 안 믿네' 하는 인상을 주기 쉽다.

둘째, 수용자들에게는 구치소나 교도소에 갇혀 있는 지금의 상황 자체가 스트레스다. 좁은 방에서 다른 사람과 부대끼는 생활이 불편하고, 예상보다 더 많이 구형 또는 실형을 받을지 모른다는 불안감이 크다. 마음이 아프면 몸도 아픈 것 같다. 실제로 몸이 정말 아프기도 한다. 이는 수용자든 아니든 마찬가지다. 수용자들의 스트레스가 신체질환으로, 신체화 증상으로 나타날 수 있다는 점을 이해해야 한다.이와 관련해서 동료 공중보건의들과 이야기를 나눈 적이 있는데, 나와 비슷한 의견을 가진 동료가 최소 두 명은 있더라. 나만의 생각이 아니라 다행이라 생각했다.

꾀병을 부리는 사람들 사이사이 진짜 환자들이 섞여 있다는 것이 교정의료의 어려운 점이다. 어떨 때는 학교 다닐 때 얼핏 들었던 꾀병 감별법을 써 본다. 수업 들을 때는 이걸 진짜 써먹게 될 줄 몰랐다. 이런 것들이다.

눈이 안 보인다고 주장하는 사람에게는 눈에 닿을 듯 가까이까지 손을 재빠르게 뻗는다. 진짜 눈이 보이지 않는 사람에게는 눈을 감는 반사작용이 일어나지 않는다. 의식이 없어서 실려 온 사람에게는 한쪽 손을 들어 얼굴 위에서 떨어뜨려 본다. 진짜 의식이 없다면 손이 얼굴을 치게 되지만, 꾀병을 부리는 사람은 손에 힘이 들어가거나, 손이 묘하게 얼굴 옆으로 떨어진다.이 방법은 안 통하는 경우가 꽤 있었다. 수준급의 연기

실력을 자랑하는 수용자들은 본인 손이 얼굴을 치는 일 정도는 기꺼이 감수한다.

일부러 숨을 참아서 산소포화도를 떨어뜨리는 사람도 있다. 숨을 참는 모습을 보면 엄청난 인내심이 놀라울 정도다. 이럴 때는 말을 시켜 본다. 산소포화도가 떨어진다고 꼭 말을 못 하는 것은 아니기 때문이다. 어떻게든 말을 안 하고 숨을 참으려고 하면 '꾀병이구나' 알 수 있다.

꾀병과 과장이 난무하는 이곳에서 수용자들을 매일 진료하며, 동시에 친절하게 대해야 한다는 것이 때론 너무 힘들다. 교도소에 들어오기 전에는 정말 상상도 못 했다. 매일 이런 일상을 살 줄. 의사로서 하루하루가 정말 쉽지 않다, 쉽지 않아.

진료 시간

수용자들이 진료를 받으러 오는 경우는 크게 네 가지다.

> 아프거나 다쳤을 때,
> 교정시설에 처음 입소했을 때,
> 교정시설에서 일을 시작할 때,
> 아프다는 '주장'으로 얻고자 하는 바가 있을 때.

신입 수용자들은 의료과에서 기본적인 건강 상태를 점검받은 뒤에 수용동에 입주할 수 있다. 드라마나 영화에서 신입 수용자들이 항문검사를 받는 장면을 본 적이 있을 것이다. 항문검사는 모든 교정시설에서 실제 시행 중이다. 반입금지된 물건을 넣어 왔는지 확인하기 위함인데, 이는 의학적 목적이라기보다 보안의 목적이기 때문에 의료과가 아니라 보안과에서 시행한다. 여전히 항문이나 직장에 마약 등을 숨겨서 오는 수용자들이 종종 있다.

구치소에 새로 들어오는 수용자들은 경찰서 유치장에 있다가 들어오기도 하고, 법원에서 법정 구속이 돼서 들어오기도 한다. 대부분 형이 확정된 것은 아니기 때문에 '미결수'이자 '피고인' 신분이다.[3] 원칙적으로 미결수는 구치소로, 형이 확정된 이후 기결수는 교도소로 가야 하지만, 실제로는 구치소에도 상당수의 기결수가 있고, 교도소에도 미결수가 있다. 특히 광주지방교정청 산하에는 구치소가 없어, 전라도 지역의 교정시설은 모두 교도소와 구치소가 합쳐져 있는 형태라 보는 것이 맞다.

구치소의 대표적인 기결수에는 사동 도우미들이 있다.흔히 '사소'라고 부른다. 드라마 〈슬기로운 감빵생활〉에서 커피물을 따라 주는 목청 좋은 사소를 떠올리면 이해가 쉽겠다. 그 밖에 취사, 시설보수, 간병, 이발 등 수용동에 꼭 필요한 일들을 담당하는 수용자들도 기결수다. 의료과에서는 이들이 일

---

③   피고인과 피의자는 나도 맨날 헷갈리는데, 피고인은 형사소송에서 검사에 의해 형사 책임을 져야 할 자로 공소 제기를 받은 사람이고, 피고는 민사재판에서 원고의 상대 개념이다. 피의자는 죄를 범한 혐의로 수사기관의 수사를 받고 있으나 아직 공소가 되지는 않은 사람이다.

을 시작하기 전 건강상 이상이 없는지, 장티푸스, 결핵 등의 전염성 질환은 없는지 확인한다.

의료과에서 신입 수용자를 받을 때 가장 중요하게 점검하는 부분은 감염병 보유 여부다. 결핵, 매독을 포함한 성병, 그리고 에이즈 같은 감염병이 있는지 확인해야 한다. 폐쇄적인 집단시설이라는 특성상 아주 필수적인 과정이다. 더불어, 성적 지향sexual orientation을 확인하는 과정도 거친다. 강제로 알아내는 것은 아니고, 몇 가지를 물어보는 정도. 이를 통해 동성애 또는 양성애 성향을 가진 수용자를 구분하고, 이들을 독거실에 수용한다.

수용자들은 대부분 아프거나 다쳐서 의료과를 찾는다. 교정시설 중에는 의료과에 상주 의사가 있는 곳이 있고, 정해진 시간에 초빙 의사가 들어오는 곳이 있다. 원격 화상진료를 하기도 한다. 교정시설 소속 의사가 진료를 보는 경우라면 진료비나 약값이 따로 들지 않는다. 모두 국가가 세금으로 지원한다. 이에 대해 교도소 바깥에도 돈이 없어 병원에 못 가는 사람들이 여전히 있는데, 범죄자를 '공짜로' 치료해 주는 게 맞냐는 여론도 거세다. 범죄 피해자나 사회경제적 취약계층에 대한 의료 지원이 부족하다는 점에서 이 문제제기에 충분히 공감한다. 제한적인 의료 자원을 어떻게 배분할 것인가는 매우 어려운 문제고, 정해진 답은 없다.^{이 책을 통해서} 더 구체적으로 이야기를 나누어 갈 수 있으면 좋겠다.

교정시설 내 진료에는 동행진료^{수용자가 교도관과 함께 의료과 진료실} 에 와서 보는 진료와 순회진료^{의료진이 사동에 가서 하는 진료}가 있는데, 수용자는 둘 중 하나를 선택해 진료 신청을 할 수 있다. 그렇다면 수용자의 진료 신청이 다 받아들여질까? 이건 의사에 따라 다르다. 특이사항 없이 매번 진료 신청을 해서 콧바람을 쐬는 수용자도 상당수 되기 때문에, 적절히 선별해서 진료를 보는 의사들도 있고, 나처럼 진료 신청을 하면 다 봐 주는 의사도 있다. 가끔씩은 수용자 본인들도 민망한지, "선생님 귀찮으시게", "죄송스러워서"라는 말들을 덧붙이며 진료실에 들어선다.

그들의 민망함과는 별개로 나는 그들과 10초라도 얼굴을 마주하는 것이 라포^④ 형성에 도움이 된다고 생각한다. 흔히 의사들끼리 verbal massage^{말로 하는 마사지 또는} 또는

---

④   rapport, 의료진과 환자 또는 가족 간의 신뢰관계를 뜻하는 말.

reassurance안심시키기라는 말을 쓰는데, 난 그 효과를 믿는 편이다. 아픈 데가 없다 하더라도 얼굴 한 번 보고 얘기 나누는 것만으로 정신적으로 상당한 치료 효과가 있다고 말이다.

교도소 진료실에서는 어느 정도까지 의료행위가 가능할까? 간단하게 설명하면, 정신과와 감염병에 특화된 가정의학과 정도의 일차의료가 가능하다고 볼 수 있다. 하지만 이렇게 단순화하기엔 교정시설의 의료 영역은 훨씬 독특한 구석이 있다. 불식, 자해, 이물질 취식, 마약, 폭력, 꾀병 등 교정시설 밖에서는 보기 힘든 질환군과 환자들이 정말 많고, 수용자들이 처해 있는 상황과 교도소의 특수한 문화가 질병으로 이어지기도 한다.

교정시설에서는 재판, 다른 수용자와의 관계, 출소, 출역, 외부 병원 진료, 좌식이나 과밀된 생활방식, 영양의 불균형탄수화물 위주의 식생활, 한정된 간식, 음식 섭취와 관련한 문제커피물에 화상을 입거나, 커피 때문에 불면을 호소하거나 당뇨가 조절 안 되는 경우, 운동매일 30분씩 주어지는 운동 시간, 접견가족과의 만남은 차입약 반입, 심리적 안정 면에서 중요하게 작용한다., 서신 등이 수용자의 건강에 영향을 미친다. 이를테면 다리 피부에 수포가 무섭게 올라온 환자가 있었다. '대상포진이 이렇게 심하게도 오나?' 의아했는데 춥다고 뜨거운 물을 페트병에 담아 담요 밑에 넣고 자다 생긴 화상이었다. 복숭아뼈에 염증이 생기거나 물이 찬 경우도 많은데, 사동에서 계속 양반다리로 앉아서 생활하느라 생긴 질병이었다.^{한번 물이 차면 계속 찬다.} 출소 전에 수면장애를 호소하는 수용자들도 많다. 출소할 때가 되면 뭐 해 먹고 살아야 하나 걱정이 많이 된다고 한다. 재판을 앞두고 불안해, 신경안정제 처방을 원하는 수용자들도 많다.

질병을 액면 그대로만 보더라도 병의 증상은 호전시킬 수 있다. 그러나 근본적인 문제를 해결하지 못하면 질환이 반복되기 쉽다.

미국에서는 교정의학correctional medicine이라는 학문 분야가 따로 있다. 우리나라는 교정의학에 해당하는 의료행위가 현장에서 행해지고 있는 것은 맞지만, 교정시설 전문의가 있는 것은 아니고, 교정의학 자체가 학문적 깊이나 발전을 논할 수 있는 수준은 아직 아니라고 생각한다.

약물중독 외에는 정상입니다

"마약은 뭐 했나요?"

"필로폰이요…….."

"필로폰만 했어요? 대마나 엑스터시는요?"

"필로폰만 했습니다."

"주사기를 사용해서 하신 적이 있나요?"

"아뇨, 그런 적은 없습니다."

여느 진료실과는 사뭇 다른 교도소 진료실. 이름 대신 번호로 불리게 된 사람들은 다 같은 색의 수인복을 걸치고, 누구는 두려움에 차서, 누구는 당당하게 신입 진료를 위해 진료실로 들어선다. 이 중 파란색 수번표를 단 사람들은 속칭 '뽕쟁이'다. 아직 약에서 덜 깨어 눈에 벌겋게 핏줄이 선 경우를 보는 일도 드물지 않다. 몇몇은 오자마자 경찰 때문에 다쳤다며 하소연을 하고, 수갑을 너무 세게 채워 손에 감각이 없다면서 손목을 들이민다. 눈과 귀로 얘기를 들으면서도, 그들이 약에 취해 보였을 공격적인 행동에 경찰관들이 고군분투하는 모습이 머릿속에 선하다.

국내 최대 구치소인 서울구치소에는 2,700여 명의 수용자가 있다. 그중 마약수는 200명이 넘는다. 이 숫자는 항상 유지되는데, 나가면 들어오는 사람들이 있기 때문이다. 구속까지 가지 않는 사람들이 있다는 점을 고려하면, 우리나라를 마약청정국이라고 보기는 어렵다. 실제 대검찰청 보고서에 따르면 2019년 기준 전체 마약 사건은 1만 6천 건으로, 2,400여 명이 구속됐다. 마약수들은 클럽 운영자나 연예인, 탈북민, 전직 교도관까지 직업도 다양하고, 스무 살이 안 된 청소년부터 여든이 다 된 할아버지까지 연령대도 다양하다. 마약은 나이와 성별, 직업, 인종을 가리지 않는다. 하지만 이들이 공통적으로 원하는 것은 하나다. 바로 약.

마약수들은 마약뿐만 아니라, 여러 가지 처방약을 찾는다. 정신질환 약도 찾고, 마약보다 좀 더 쉽게 구할 수 있는 대용 마약도 찾는다. 마약 복용과 정신질환의 선후 및 인과관계를 따지기는 쉽지 않은데, 열 종류가 넘는 향정신성의약

품 중추신경계에 작용하며, 오용하거나 남용할 경우 인체에 심각한 위해가 있다고 인정되는 약제다. 중독을 동반하는 경우가 많다. 이 처방 가능한 최대 용량으로 잔뜩 기재된 처방전을 들고 와서 이대로 약을 달라고 하는 소리를 듣고 있으면 내 머리도 아득해진다.

약을 위해서라면 마약수들은 구걸도, 협박도 마다하지 않는다. 암 선고를 받은 어머니부터 북한에 두고 온 자녀까지, 여러 이름들이 소환된다. 실제로 몸이 불편한 어머니가 목발을 짚고 경남에서부터 다녀가신 적도 있다. 자식에게 약을 넣어 달라며.

막무가내인 마약수들의 모습을 보고 있으면, 옆에 보안과 직원도 없는 일반 정신과의사들은 이럴 때 어떻게 감당할까 궁금해진다. 적당히 약을 챙겨 주는 것 외에 선택지가 몇개 없지 않을까.

마약수들에게도 몇 가지 레퍼토리가 있다.

"저는 약 가지고 장난치는 사람 아닙니다. 그냥 너무 힘들어서 그래요."

"밖에서 제가 먹던 약입니다. 제 몸은 제가 안다고요. 선생님이 어떻게 알아요?"

"제 돈으로 제가 약 사서 먹는다는데 도대체 왜 안 된다는 거예요?"

"잠 못 자서 사고라도 나면 선생님이 책임지실 거예요?"

대체로 나는 약물 오남용 문제를 설명하며 약을 잘 주지 않는다. 그런 이유로 인권위원회에 진정서가 접수되기도 하고, 직권남용 및 직무유기로 고소당하기도 한다. 진료실 모니터를 집어던지고, 변호사를 통해 내 신상정보를 캐내는 수용자도 있었다. 내가 '러브레터'라고 부르며 위안 삼는 협박 편지에는 "최세진 공중보건의는 감정에 앞서 자신의 임의대로 차입약을 무차별적으로 불허하는 행태", "정작 약이 필요해 먹어야 할 사람들마저도 피해", "극심한 스트레스와 그로 인한 자괴감과 우울증, 자살충동 등에 시달림", "언론 및 방송사에 배포 후 자살하겠다" 등의 문구들이 빼곡하다. "내가 쓴 글이 사실이 아닐 시 내 시신을 사회에 기증하겠다!"라고 편지를 마무리했던 어느 수용자는 얼마 후 다시 입소해서 밝은 얼굴로 "선생님 잘 지내셨죠?"라고 꾸벅 반갑게 인사를 했다.

약을 줄이거나 끊겠다는 말이 마약수들에게 최고의 고문이란 걸 안다. 이런 말을 꺼내기만 해도 식은땀을 흘리고 심박

수가 올라가는 수용자도 있다. 나로서는 최선의 진료가 상대방에겐 최고의 고문이라니. 환자에게 약을 주는 것이 해를 가하는 것인가, 약을 안 주는 것이 해를 가하는 것인가. 매일같이 진료실에서 벌어지는 딜레마다.

그냥 약을 주는 것이, 그래서 마음이라도 편하게 해 주는 것이 맞지 않겠냐는 말도 종종 듣는다. "의사라면 환자의 마음을 헤아려 줘야 되는 거 아닌가요?"라는 호소에 마음이 흔들리기도 한다. 마약수들에게 퇴로를 만들어 줘야 한다는 의견도 있다. 옳은 방향으로 계속 밀어붙이기만 할 게 아니라, 그들이 원하는 걸 적당히 들어줘야 한다는 이야기다. 사건사고를 피하기 위해선 그게 현명한 방법일지도 모르겠다. 그러나 내 입장에서는 손가락 사이로 물이 빠져나가는 느낌, 한 사람을 잃는 느낌이다.

수용자들이 마약과 유사한 효과를 느끼려고, 약을 갈아 자체 제작한 도구로 일명 '코킹^{마약을 코로 흡입하는 행위}'을 한다는 사실을 알고 있다. 그렇기에 더더욱 약 처방에 신중할 수밖에 없다.

나와 마약수들의 대화는 이런 식으로 흘러간다.

"여전히 잠을 잘 못 잡니다."

"몇 시에 주무시고 몇 시에 일어나시죠?"

"9시에 잠들어야 되는데 11시쯤 자서 아침 6시 기상 시간에 일어납니다."

"밖에서 9시에 잠든 적이 있나요? 아니면 하루에 아홉 시간씩 주무신 적이 있나요?"

"아뇨."

"정해진 취침 시간을 못 지킨다고 해서 수면장애가 있다고 말하기는 어렵습니다. 졸피뎀^{수면제}을 먹고 9시에 쓰러져서 자는 게 정상이라고 하긴 어렵다는 말씀입니다."

이렇게 말한 뒤에는 우선 교과서에서 배운 대로 수면 일기를 적어 보도록 권한다. 적다 보면 본인이 생각보다 잠을 많이 자고 있다는 것을 자각하기도 하고, 아니면 수면 일기 적는 게 귀찮아서 수면제 먹기를 포기하기도 한다.^{수면장애는 질병의 하나로, 생활에 지대한 영향을 미칠 경우 적절한 약물적 치료가 필요하다.}

"방에서 자꾸 방 사람들과 다툼이 있어서요. 아무래도 분노조절장애가 있어, 약을 먹어야 할 것 같습니다."

"그 좁은 방에 성인 남성이 다섯 명, 일곱 명씩 모여 있으면 갈등이 있는 게 당연하지 않을까요?"

그러면 조용해진 수용자는 머쓱한 표정을 짓는다.

"전 인격장애와 성주체성장애가 있어 약을 먹어 왔습니다."

한번은 성소수자 마약수가 본인 스스로 혐오가 담긴 말투로 말했다. 이럴 때는 이렇게 응답할 수밖에 없다.

"성주체성장애는 더 이상 정신과에서 질환으로 보지 않습니다. 인격장애도 약을 먹어야 하는 질환에 해당하지는 않습니다."

스스로 비정상이라, 사회부적응자라, 너무 힘들어서 약을 해야 한다고 생각하는 사람들에게 '약물중독 외에는 정상'이라고 말해 주는 존재가 되는 것, 마음이 힘들 때 기댈 존재로 약 말고도 의사가 있다는 사실을 알려 주는 것이 마약수를 대하는 나의 작은 소망이다. 항상 성공적이지는 않다. "네가 뭔데"라고 나오면 나도 욱한다. 하지만 약을 끊고, 이곳에 다시 오지 않고, 사회의 당당한 일원으로 살길 바라는 내 마음을 알아주는 사람들도 있다. 수용 기간 동안 약을 줄이거나 끊는 수용자들이 있다. 그럴 때 나는 희망을 본다. 다시 한번 말하자면, 약을 줄여서 문제가 될 정도라면, 당연히 약을 준다. 하지만 그렇지 않다면 분명 우리의 자연상태는 약 없는 상태일 것이다.

매일 약을 받으러 진료실에 오는 수용자가 오늘도 묻는다.

"선생님도 저랑 맨날 이렇게 싸우면 힘들지 않으세요?"

그럼 나는 대답한다.

"저도 의사로서 양심이 있잖습니까. 필요한 약만 주고, 결국은 중독되지 않도록 돕는 것이 의사로서 제 양심을 지키는 일 아니겠습니까."

바깥 사람들의 궁금증

교도소에서 일한다고 하면, 항상 대화의 중심이 된다. 사람들은 저마다 질문들을 쏟아 낸다. 처음에는 나한테도 매일 이곳이 새로웠기에, 이런 질문들이 귀찮기보다는 이해되고, 질문에 답하면서 나의 교도소 생활을 되돌아볼 수 있어 좋았다. 그런데 시간이 갈수록 객관적 사실만 전달하는 것이 아니라, 교정행정 및 교정의료에 관한 개인적인 의견을 자꾸 피력하는 나를 발견한다. 내 생각을 강요하고 싶지는 않지만, 교정시설이 사람들의 관심 밖에 놓인 것 또한 사실이다. 소외된 사람들에 대한 의료, 더 나아가서 범죄와 형법에 대해서도 많은 사람들이 함께 고민해 주었으면 좋겠다는 생각이 스멀스멀 피어오른다.

교도소는 다른 사회와 분리된 공간이며, 많은 사람들에게 생소한 곳이다. 가장 많이 받는 질문들을 곱씹다 보면 오히려 바깥 사람들이 교도소를 어떻게 생각하는지 확인할 수 있다. 때론 질문 자체가 흥미롭고 의미 있다.

질문 1. "무섭지 않아요?"

솔직히 말하면, 처음에는 진료실 책상 밑에 테이저건이라도 챙겨 놔야 하나 고민했다. 그러나 교도관이 진료에 항상 동행한다는 사실을 확인하고 더 이상 그런 염려는 하지 않게 되었다.

그 뒤로는 수용자들이 출소 이후에 나에게 보복하지 않을지, 가족을 인질 삼아 협박하지 않을지, 걱정의 종류가 달라졌다. 지금은 이런 걱정 또한 하지 않는다. 평생 범죄자들을 상대하는 교도관이나 검사를 봐도 그런 위험에 처하는 경우는 극히 드물다.

이제 갓 스무 살을 넘긴 듯한 앳된 수용자가 여드름 약을 달라고 찾아온 적이 있다. 여드름이 심하지 않아서 굳이 약을 먹을 필요는 없어 보였다.

"아니에요, 선생님. 이거 보세요."

수용자는 필사적으로 고작 한두 개 나 있는 여드름을 가리켰다.

"그럼, 먹는 약 대신 바르는 연고로 줄게요."

"안 돼요, 선생님. 꼭 먹는 약으로 강하게 부탁드립니다. 얼마 뒤에 펜팔을 하는 사람이 면회 오기로 했어요."

"네? 펜팔이요?"

'지금 시대가 어느 때인데 펜팔이라니?' 교도소 수용자들 사이에 펜팔 문화가 있다는 사실을 이때 처음 알았다. 전국 교도소에는 일종의 펜팔망이 있는데, 여자 수용자와 남자 수용자들이 서로 편지를 주고받는다고 한다.

이 수용자는 편지에 레모나를 동봉한다면서 내게도 하나를 건넸다. 레모나는 포장지 위에 쓰인 메시지가 핵심이다. "넌 최고야." "사랑해." "네가 젤 예뻐."

길에서 한때 수용자였던 이들과 마주쳤다는 교도관들의 이야기를 종종 듣는다. 수용자들도 결국 우리와 마찬가지로 지역사회에서 함께 살아갈 사람들이다.

물론이다. 단순화하면, 수용자들은 죄의 경중에 따라 크게 S1, S2, S3, S4로 분류된다.실제로는 보다 여러 가지 요소를 복합적으로 고려해 수용보안 등급을 결정한다. 첫 근무지였던 순천교도소는 굳이 평균을 내자면 S3.3 정도의 수용자들이 모인 곳이었다. 중범 죄자들이 꽤 많았다.

2019년 기준으로 사형수는 서울구치소에 16명으로 가장 많고, 광주교도소에 13명, 대구교도소에 12명, 대전교도소에 11명, 부산구치소에 4명이 각각 수감돼 있다. 빨간색 수번표를 단 사형수들은 교도관들도 다루기 힘들어한다. '어차피 사형수인데' 하는 태도로 막무가내인 경우가 종종 있다고 한다. 그렇다고 그들이 꼭 문제수라는 뜻은 아니다. 내가 본 사형수들은 터줏대감처럼 지내며 주변 수용자들을 챙겼다. 간식을 나눠 주기도 하고, 모르는 건 가르쳐 주기도 하면서. 사형수들이 다른 수용자와 확실히 다른 레벨에 있다는 느낌 은 자주 받는다. 오래 함께 갈 가족 같은 사람은 잠시 스쳐 지나갈 사람하고는 당연히 다르지 않겠는가.

보통 강력범죄자는 노란색 수번표, 마약수는 파란색 수

번표를 받는다. 드라마 〈슬기로운 감빵생활〉에 이런 디테일이 잘 살아 있다. 번호로 범죄 종류를 구분하는 곳도 있다. 소마다 다르지만 내가 있던 곳은 100번 이하는 여성 수용자, 100~999번은 미결수, 1800번대는 마약수, 1004번과 같은 특이한 번호는 문제수를 의미했다.

> 질문 3. "여성 수용자들도 있나요?"

교도소마다 다르다. 여자 교도소는 전국에 청주여자교도소 하나로 유일하고, 다른 여성 수용자들은 전국 교정시설에 흩어져 있다. 순천교도소는 전체 수용자 1,500명 중 약 50명이 여성 수용자였다. 전국적으로 여성 수용자의 수는 남성 수용자 수에 비해 압도적으로 적어서, 우리끼리는 "남자가 문제인가?"라는 농담을 하기도 한다.

> 질문 4. "진료 본 수용자들 중 기억에 남는 사람들이 있나요?"

굉장히 많다. 교도소에 출근하며 가장 놀란 부분은 자해 환자가 많다는 점이었다. 극심한 스트레스나 정신질환으로 자해를 하는 경우도 있지만, 이차적인 이득을 위해서 자해하는 경우도 많았다. 벽을 주먹으로 친 사람, 바닥에 머리를 찧은 사람, 젓가락이나 볼펜을 삼킨 사람. 다양하다.

이곳에서 죽음을 준비해야 했던 수용자들도 기억에 남는다. 그들 중에는 사망 전에 형집행정지를 받아서 나간 사람도 있었고, 교도소 안에서 사망한 사람도 있었다. 오랜 기간 단순 편도선염이라고 생각했는데 인후두암 4기였던 환자, 욕창 4기에 뼈까지 드러났던 환자, 교도소 안에서 아무것도 모르고 지낼 때는 유쾌했으나 외부 병원에서 진단을 받고 입원하는 순간 의지를 놓아 버리고 결국 사망한 폐렴 환자. 생사의 갈림길 앞에 있던 그분들을 생각하면 여러 감정이 교차한다.

수용자의 손가락에 피지낭종이 생겨 성실히 수술을 마쳤는데, 유명 사건의 가해자인 사실을 알게 돼 기분이 묘했던 기억도 있다. 순천교도소에도, 서울구치소에도 떠들썩한 사건의 가해자들이 많이 있다. 그중 유명 정치인이나 연예인은 이곳에서도 자주 볼 기회가 없다.

교정시설 직원들은 간단히 요약된 수용자의 범죄 이력을 회람할 수 있는데, 나는 진료에 참고가 되는 경우가 아니

라면 범죄 이력을 보지 않는 편이다. 진료에 편견이 생길 가
능성이 높아진다고 생각해서다.

직원 식당은 따로 있다. 직원 식당 밥은 저렴하고 아주 맛있
다. 재밌게도, 교정시설 직원 식당에서도 지역색이 드러난
다. 순천교도소는 '순천 맛집'이라 할 정도로 음식이 맛있었
다. 그곳에서 먹었던 수육과 매생잇국을 잊을 수 없다.

　　한때 교도소 수용자들이 먹는 밥이 군대보다 낫다는 인
터넷 게시물이 논란이 된 적이 있다. 수용자들의 식사는 취
사장에서 일하는 동료 수용자들이 책임진다.

　　외부에서 구입해서 들여올 수 있는 음식들도 있다. 또한
수용자들은 시설 내에서 조달 가능한 음식으로 엄청난 창의
성을 발휘하기도 한다. 〈교도소 일기〉라는 온라인 만화를 보
면 수용자들이 콜라에 닭을 담가서 간장치킨 맛을 내는 에피
소드가 나온다. 나도 주스와 밥풀을 이용해 일종의 술을 담
가 먹는 수용자를 본 적이 있다. 취사장에서 일하는 수용자

가 의료과에 진료를 오면서, 종종 누룽지 과자를 가져다주기도 했다. 정말 아무 간도 안 했다는데, 감칠맛 나는 그 맛이 중독성이 있어 나중엔 내가 먼저 찾게 될 정도였다.

질문 6. "교도소에서도 돈이 필요한가요?"

필요하다. 의료과와 관련한 부분을 먼저 설명하자면, 수용자가 자기 돈으로 약을 구매해서 차입할 때 돈이 필요하다. 이때 약을 '자비 구매 약품'이라고 부른다. 기존에 먹던 약이 교정시설에 구비돼 있지 않을 때, 수용자는 처방전과 진단서 또는 소견서를 제출하고 의료진의 허가를 받아 약을 들여온다. 예외적으로 점안액처럼 의료진의 허가 없이도 차입이 가능한 약품도 일부 있다.

초빙 진료를 받거나 원격 진료를 받을 때도 진료비와 약값이 필요하다. 초빙 진료는 주로 정신과나 치과 선생님들이 2주 또는 1개월에 한 번씩 교정시설로 들어와서 보신다. 원격 진료는 주로 피부과나 정신과 선생님들이 보신다. 서울동부구치소 원격의료센터를 통하면 추가 비용이 발생하지 않는데, 그 외의 원격 진료는 진료비가 따로 든다.

가족이나 지인들이 수용자 통장에 영치금을 넣어 줄 수도 있다. 기결수라면 교도 작업에 참여하며 받는 작업장려금을 영치금으로 전환해 사용할 수 있다. 영치금으로 간식이나 생활용품을 구입하기도 하는데, 돈 많은 수용자가 돈 없는 수용자에게 간식을 사 주는 경우도 있고, 자비 구매 약을 구해 줄 때도 있다. 때로 돈 많은 수용자가 돈 없는 수용자를 부리는 일도 있다. 돈 많은 수용자의 일을 돈 없는 수용자가 대신해 주는 것이다. 주로 설거지, 빨래, 청소 같은 일들을 해 준다. 영치금을 주고 동료 수용자에게 마사지를 받는 수용자도 있다.

결국 돈이 중요한 권력 매체라는 점은 바깥 사회와 크게 다를 것 없어 보인다. 물론 덩치와 힘, 강력범죄 등 범죄의 질이 역학관계에 영향을 줄 수도 있겠지만, 이는 잠깐이다. 교정시설에서 조직폭력배들은 비즈니스맨이 된 지 오래다. 영화나 드라마에서 자주 보던 거들먹거리는 건달은 오히려 하수다. 고수들은 긴말을 하지 않는다. 오직 영치금이 오고 갈 뿐.

문신, 도대체 뭘까?

교도소 근무 초반엔 진료를 위해 수용자의 옷을 들췄다가 깜짝 놀라는 일이 많았다. "가슴에 뭐가 났어요"라는 말에 "한번 보여 주세요"라고 답하며 들여다보면 갑자기 튀어나오는 용과 호랑이에 속으로 크흡 하고 심호흡하는 일이 자주 있었다. 지금은 오히려 문신이 없는 수용자를 보면 어색하다.

　문신을 가만히 보고 있으면 하나의 미술작품을 보는 기분이 든다. 그림 자체로도 흥미롭고, 무슨 의미가 담겨 있는지도 궁금해진다. 어떨 땐 처음 대면하는 수용자들과의 라포 형성을 위해 문신 이야기로 대화의 물꼬를 트기도 한다. 한눈에 딱 봐도 공을 많이 들인 문신이라면 문신이 멋지다는 말을 덧붙인다. 그럼 수용자의 얼굴에 곧잘 미소가 떠오른다.

　이전까지 문신, 그중에서도 크리미널 타투criminal tattoo는 내게 영화 속에만 존재하는 대상이었다. 그런데 교정시설에선 한국영화 목욕탕 장면에 단골로 등장하던 그 '조폭 문신' 위로 드레싱을 하고, 문신이 틀어지지 않게 모양을 맞춰 봉합하느라고 애를 쓰고 있다.크리미널 타투는 범죄자들이 소속된 조직이나, 수감 이력, 특기 등을 표시하기 위해 새기는 문신이다.

영화 〈이스턴 프라미스Eastern Promise〉를 보다가 니콜라이 역을 맡은 비고 모텐슨의 문신에 시선을 빼앗긴 적이 있다. 〈이스턴 프라미스〉의 감독 데이비드 크로넨버그는 다큐멘터리 〈더 마크 오브 케인The Mark of Cain〉에서 영감을 받았다고 밝힌 적이 있는데, 흥미가 돋아 이 다큐멘터리까지 찾아보았다. 다큐멘터리는 러시아 감옥의 타투 문화를 다루고 있다. 러시아 갱단과 범죄자들 사이에서 크리미널 타투는 범죄의 이력이나 위상을 상징한다고 알려져 있다. 예를 들어 가슴의 십자가는 모범이 될 만한 도둑이라는 의미, 세 개의 둥근 지붕 모양은 세 개의 다른 감옥을 의미한다는 식이다.

교도관이었다는 저자가 문신 이미지 3천여 점과 그 스토리를 담은 《러시안 크리미널 타투 백과Russian Criminal Tattoo Encyclopedia》와 같은 책도 있다. 그야말로 러시아 크리미널 타투에 대한 훌륭한 백과사전이다.

업계 추산에 따르면, 한국의 문신 시장은 2조 원에 달한다. 영구 문신 경험자는 300만 명, 국내에서 활동하는 타투아티스트는 약 2만 명이다. 한마디로, 지금 우리나라는 문신에 관심이 많고, 문신을 한 사람도 많다.

문신에도 여러 종류가 있다. 교정시설에서 가장 많이 봤고, 밖에서도 가장 흔한 형태는 일명 '히카에'로, 가슴을 기준으로 팔까지 이어지는 양식을 뜻한다. 몸 전체를 채우는 문신일명 '소신보리'도 자주 본다. 이런 수용자는 의료처치를 위해 바지를 벗고 있어도, 꼭 바지를 입고 있는 듯한 모습이다.

개인적으로 궁금했던 건, 한국의 범죄자들도 문신에 어떤 상징성을 담는지 여부다. 이들도 본인의 범죄 이력을 기록하고 본인이 속한 조직을 표현하려고 문신을 할까? 그걸 알고 싶어서 영화도 보고, 책도 찾아봤던 거였는데, 개인적으로 경험한 내용만으로 뭐라 결론을 내리기엔 아직 부족하다. 한국의 크리미널 타투의 종류나 특징에 대해 공식적으로 알려진 바 또한 거의 없다. 문신에 관한 내 식견은 진료실에서 수용자들의 문신을 보고 비싼 문신인지 아닌지만 겨우 구분하는 수준이다. 하지만 누군가가가능하다면 교도관이! 《러시안 크리미널 타투 백과》처럼 한국판 크리미널 타투 모음집을 만들면 정말 재미있겠다는 상상을 한다.

개인적인 흥미는 여기까지. 의사로서 문신을 대하는 심정은 좀 더 복잡하다. 문신이 있으면 피부질환을 진료하기가 곤란하다. 뿐만 아니다. 이미 많은 사람들이 타투를 즐기고 있고, 타투숍을 찾아가기도 쉬운 현실에서 뜻밖의 사실일지 모르지만, 법적으로 문신 시술은 의료행위에 해당한다. 문신을 통해 다양한 질환에 걸릴 위험이 있다는 우려에서다. 문신 시술이 의료행위라는 점은 대법원 판결에 근거한다.[5] 법적으로 따진다면 의사한테서 문신 시술을 받는 경우만 합법이다. 문신 시술을 받은 사람이 이를 역으로 이용해 문신사들을 불법으로 고소하겠다고 협박하는 사례도 있었다. 실제로 병원에서 상처나 수술자국을 가리기 위해서 문신 시술을 하기도 한다.

드라마 〈낭만닥터 김사부 2〉에는 교도소에서 받은 불법 문신 시술 때문에 신장을 이식받아야 하는 무기수 이야기가 나온다. 문신 시술은 확실히 피부 손상뿐 아니라 감염 등의 부작용을 일으킬 수 있다. B형이나 C형 간염에 감염될 가능성도 배제할 수 없다.

---

[5]   대법원 1992. 5. 22. 선고 91도3219 판결.

의사협회의 공식 입장처럼 문신을 반드시 의사만 시술해야 한다고 생각하지 않는다. 의사만으로 현재의 수요를 만족시킬 수도 없을 것이다. 타투숍을 법적으로 인정하고, 전문적인 교육을 시행하며 자격을 부여하는 방식이 더 나은 방향이라고 생각한다. 그중에서도 타투숍 대상의 교육은 꼭 필요하다. 위생교육 차원을 넘어서 문신이 가져올 수 있는 신체적 정신적 영향을 타투아티스트들이 이해하고 이를 손님에게 설명해 줄 수 있다면 금상첨화일 것이다.

문신과 정신건강의 연관성을 살펴보는 연구자료들도 있다. 문신이 범법 행위, 반사회적 인격장애와 관계 있는지 알아보기 위한 연구자료를 보면, 문신을 한 수용자 중에 공격 행동과 연관된 범죄 또는 폭력, 특수 절도 등 강력범죄자가 더 많았다고 한다. 만 19세의 징병검사 대상자를 조사한 연구에서 문신자 집단이 비문신자 집단에 비해 교육수준이 낮고 부모의 사망, 이혼, 별거를 더 많이 경험했다는 결과도 있다.

의사로서 내가 주의를 기울이고 싶은 부분은 이 지점이다. 문신이 자기 과시적인 전시 심리에서 비롯되었거나, 우울, 불안, 분노 등과 같은 정서적 갈등을 해소하기 위한 방편으로써 이루어진 경우. 많은 사람들이 자기 개성의 표현으로 즐기고 있지만, 어떤 경우에는 문신이 도움이 필요한 누군가의 소리 없는 외침일 수도 있지 않을까? 그리고 그 외침이 이곳 교도소와 구치소에서도 계속되고 있는 것 아닐까? 뭉크의 그림 〈절규〉처럼. 말로 표현되지 못하는 아픔을 들을 수 있는 의사가 되고 싶다. 그런 아픔에 귀 기울일 수 있는 사람이 되고 싶다.

2장 그래도, 환자

"이곳의 추위에는 소리가 있다. 아주 특별하고 기분 나쁜 소리. 건물이 얼음 속에 끼어 짜부라지면서 끙끙대고 삐걱대는가 싶을 정도로 불안한 신음을 토해 낸다. 이 시각 교도소는 잠들어 있다. 여기서 한동안 지내다 보면 이 건물의 신진대사에 익숙해져 어둠 속에서 교도소가 거대한 짐승처럼 숨을 쉬고, 간간이 기침을 하고, 뭔가를 꿀꺽 삼키는 소리까지 들을 수 있다. 교도소는 우리를 집어삼키고 소화한다. 우리는 그의 배 속에 웅크린 채 번호가 매겨진 주름들 속에 숨고 위장의 경련들 사이에서 잠을 청한다. 그저 살 수 있는 대로 살아간다."

장폴 뒤부아,《모두가 세상을 똑같이 살지는 않아》에서

Y 이야기

그해 겨울, Y와 나는 치열하게 죽음에 저항했다. Y는 묻는 말에 몇 가지 답밖에 못 하는 상태였다. 거동은 되지 않았고, 욕창은 악화될 때로 악화돼 드레싱을 할 때마다 살 썩는 냄새가 진료실에 진동했다. 피부와 근육에 덮여 있어야 할 꼬리뼈가 무섭게 튀어나와 있었고 뇌경색의 후유증으로 남은 연하곤란[6] 때문에 식사를 제대로 하지 못해, 뼈에는 가죽만 겨우 남았다. 목에 가득 찬 가래는 호흡에 영향을 줄 정도였다. 등을 손으로 치고, 흡인기로 가래를 빼내는 과정은 지난했다. 혼자 움직이지 못해 변을 제대로 보지 못했고, 손을 넣어 관장을 할 때면 만반의 준비를 해야 했다.

---

[6]　음식물을 삼키기 어려운 증상. 목이나 식도에 병변이 있거나 뇌종양, 뇌경색 등의 영향으로 나타날 수 있다.

"선생님과 본인 말고는 Y가 살기 원하는 사람은 없을 거예요."

교도관들과 다른 수용자들은 자주 입을 모아 말했다.

순천교도소 부속의원의 진료실. 이곳에서 수용자들은 이름을 빼앗기지만 나는 Y의 이름을 열심히 찾았다. 이름을 불러 주면 Y에게 극적인 회복이 일어날 것처럼 그의 이름을 외쳤다.

어느 날 밤이었다. Y가 의식이 희미하고 열이 난다는 연락을 받고 교도소에 야간 진료를 들어갔다. 나는 Y를 외부 병원에 보낼지 결정해야 하는 위치에 있었다. 지난번 의식을 잃었을 때도 Y는 외부 진료를 나갔다 왔다. 그때 병원에서 여러 날 누워 있으면서 각종 검사를 받았지만, 진단은 여전히 애매했고 상태는 호전되지 않았다. 오히려 심각한 근위축과 욕창만을 얻어 돌아왔다. 그때와 똑같은 일이 벌어지면 안 된다. "밖으로 빼시죠"라 말하고 3분 만에 상황을 종료시킬 수도 있었지만 그렇게 하지 못한 이유다. 내 알량한 자존심과 책임감이 이를 허락하지 않았다.

우선 불명확한 열의 원인부터 하나씩 줄여 나가야 했다. Y에게 주사를 놓고, 도뇨관을 교체하고, 귀의 염증을 처치했다. 가래 제거를 위해 한 시간 넘게 등을 두드려 주었다. 밤새 Y의 상태를 모니터링했다. 다행히 새벽으로 넘어가며 그는 안정을 찾았고, 다음 날 아침 나는 누군가에게는 잔인하기만 한 교도소 벽을 따라 관사로 돌아갈 수 있었다.

음식을 제대로 삼키지 못하는 Y가 먹는 것은, 수용자들이 이곳에서 살 수 있는 몇 안 되는 음료 중 하나인 콜라, 그리고 두부뿐이었다. 아침 출근 전 편의점에서 사비로 두부를 사는 것이 내 일과의 시작이 되었다. 욕창 방지와 근육 강화를 위해 걷기 재활을 시킨다고, 다른 환자 진료 중간중간 남는 시간 내내 Y에게 매달렸다. 대학병원이라면 의사는 운동 처방을 내리고 물리치료사가 재활 일정에 따라 운동을 시키겠지만, 이 안에서 절대 그런 호사는 기대할 수 없다. 의료과 직원들과 함께 어떻게든 일으켜 세워서 보행기를 잡고 걷게 하느라 온갖 난리를 쳤다. 자꾸 주저앉는 Y의 허리춤을 움켜잡고 한 발자국을 더 내딛길 바라는 마음에 Y의 이름을 또 연신 외쳤다.

한바탕 훈련을 한 후 힘들 때에는 Y의 눈에 눈물이 맺혔다. "엄마가 보고 싶다"며 그는 울었다. 뇌경색 후유증인지 치매인지 확실치 않지만, 칠십 먹은 어린아이 Y는 어릴 적

외에는 기억하지 못했다.

안다. Y는 요양원의 다른 노인을 벽돌로 찍어 살해한 사람이라는 걸. 그래서 Y는 교도소에 왔고, 요양원 원장은 이일의 충격으로 요양원 문을 닫았다. 하지만 뇌의 야속한 장난으로 이 70대의 노인은 일곱 살의 어린아이처럼 "나는 할수 있다"라는 말을 간신히 따라 하는 게 할 수 있는 일의 전부다. 호전 추세 때문인지, 몸 곳곳에 욕창이 생겼음에도 죽음이라는 단어를 모르는 어린아이 같은 눈빛 때문인지, 나는 그에게 들이는 정성과 집착을 놓을 수 없었다.

안다. Y가 회복되기 어렵다는 걸. Y가 감사하다고 찾아올 리 없다는 걸. Y가 교도소 직원들에게 부담이 된다는 걸. 하지만 안다. 의사는 사람을 살리기 위한 존재라는 걸. Y도 사람이라는 걸. 언제 다시 상태가 악화될지 모르는 욕창 4기 환자 Y. 나는 내가 해야 할 일을 해야 했다.

어느덧 말이 많아진 Y가 하루는 진료를 받고 나가며 말을 건넸다.

"수고했어요."

그새 멀어졌던 초심을 그 한마디에 되찾았다.

약 4개월을 씨름한 뒤 결국 Y는 형집행정지로 요양병원으로 보내졌다. 마치 고려장을 하는 기분이었다. 교도소에서 계속 의료처우를 하는 데 한계가 있기 때문에 형집행정지를 신청한 것이지만, Y를 받아 줄 가족도 없고, Y의 욕창을 위해 피판술[7]까지 해 줄 병원도 없다는 것을 알았다. Y는 그렇게 요양병원으로 갔고, 그곳에서 죽음을 맞이했다. 최소한 교도소에서 죽지 않은 것이 그에게 좀 더 인간다운 죽음이었을까. 잘 모르겠다. 교도소 담장 안 민들레처럼, 그는 홀씨가 되어 담장 밖으로 날아갔다. 의사가 되고 나서 첫 겨울이었다.

[7] 피부 및 연조직 결손 시 혈액 공급을 받는 조직을 공여부에서 수여부로 옮겨 재건하는 수술(출처: 서울대학교병원 의학정보).

몸을 인질 삼지 말라고

오십 정도 되어 보이는 수용자가 신입 진료를 보러 건들건들 걸어 들어와서는 제주교도소에서 자해했던 흔적을 자랑스레 보여 준다. 볼펜 케이스를 갈아서 가슴을 찔렀다고 한다. 나는 일부러라도 눈 깜짝하지 않는다. 눈썹을 치켜 올리며 '네, 그래서요?'라는 표정을 짓는다.

수용자들은 흔히 두려움의 냄새를 맡는다고 한다. 처음엔 나에게서도 날 법한 두려움의 냄새를 숨기려고 애썼는데, 이젠 냄새가 나는 것 같지도 않다.

자칫 눈 한번 꿈뻑였다가는 수용자들이 원하는 이차적 이득 이야기로 넘어가게 된다. 이차적 목적을 위해서 한두 번 정도 이물질을 먹거나 자해하는 경우는 흔하다. 볼펜 스프링을 먹기도 하고, 클립을 펴서 삼키기도 한다. 화장실 문을 깨서 목을 긋기도 한다. 한번은 졸피뎀을 안 준다고, 숨겨

났던 클립을 먹다가 클립이 식도를 뚫고 나와 생긴 농양으로 목숨까지 잃을 뻔한 마약수가 있었다. 내가 약을 안 줘서 목숨까지 위협받았다는 말을 듣고, 이럴 거면 그냥 약에 중독되어 살게 두는 게 나은 건가 후회할 뻔했다. 이물질을 먹은 건 본인의 선택이었음에도 죄책감은 내가 느끼니.

자해의 특징은 대개의 경우, 죽을 정도로는 하지 않는다는 것이다. 의학적인 문제로서 자살과 자해는 서로 다른 병리로 이해된다. 따라서 자해로 인한 상처에는 패턴이 있을 때가 많다. 자해한 사람들은 보통 자해했다는 사실을 부인하지 않는다. 하지만 모두가 그런 것은 아니고, 또 사람마다 상황이 다르기 때문에 본인은 아니라고 부인하더라도 특정 부위, 특정 모양의 상처가 있다면 가능성 있는 원인으로 자해를 의심해 봐야 한다. 의사조차 설마 자해일 거라고 생각지 못하는 경우도 있으니까.

하루에 두 번씩 하혈을 한다며 의료과를 찾은 수용자는 피가 줄줄 흐르는 항문을 보여 줬다. 벌써 여러 번 병원으로 외진을 나갔고 수술까지 했는데도 나아지지 않았다. 왜 이렇게 호전이 없는지 의아했는데, 알고 보니 이유는 다른 데 있었다. 같은 방을 쓰는 다른 수용자가 이 수용자의 요청에 따라, 항문에 손을 집어넣는 행위를 반복하고 있었던 것이다. 샤워실에서도 성적인 행위를 했다는 기록으로 보아, 항문에 손을 넣게 시킨 목적이 유추되는 바다. 단순히 성적 욕구 충족이었을까. 성욕의 충족이라 해도, 지금 그의 행위는 자해라고 진단할 수 있다.

특별한 목적이 있어 보이지도 않는데 구전설화 속 불가사리처럼 쇠붙이를 마구잡이로 먹는 수용자도 있었다. 처음에는 작은 물건부터 시작하더니, 나중엔 동그랗고 빨간 화재경고기를 벽에서 뜯어서 먹었다. 엑스레이를 찍어 보니, 도저히 목구멍에 이걸 어떻게 넣었는지 알 수 없을 정도로 경고기가 목을 가득 채우고 있었다.

일명 '박치기 공룡'이라 불리는 파키케팔로사우루스를 연상케 하는 어느 수용자는 우울하다고 살기 싫다고 소리치며 수용동 철문에 머리를 찧다가 진료실에 끌려왔다. 열심히 상처를 꿰매서 돌려보냈는데, 다음 진료 때도 머리를 찧어 피를 철철 흘리는 모습으로 나타나 나를 놀라게 했다. 이전에 꿰맸던 흔적은 보이지도 않았다.

수용자가 반복적으로 이물질을 취식하는 경우, 지적장애 또는 정신과적 문제와 밀접하게 관련이 있다는 연구들이 있다.

단순히 말을 안 듣는 '불량 감자'여서 그렇다고 치부하기 어렵다는 말이다. 지적장애가 있는 수용자를 대하며 직원들, 심지어 의사들도 이들이 다 알아들으면서 모른 척한다고 생각하며 감정 컨트롤을 못 할 때가 있다. 현대의학은 여전히 이들의 뇌 속 회로가 어떻게 구성되어 있는지 정확히 알지 못한다. 사람마다 세부적인 면에서 차이가 워낙 크기도 하고, 환자 수도 적어서 연구된 부분이 거의 없다. 그렇기에 지적장애를 가진 사람들이 저지른 범죄의 특징이 어떤지 다시금 들여다보게 된다. 그 범죄는 어느 정도의 의도를 가진 범죄였을까.

하지만 이런 경우가 아니라면, 자해하는 수용자들에게 내가 하고 싶은 말은 하나다.

"제발 좀 본인 몸을 인질 삼지 마시라고요!"

발을 들여다보면

다른 사람의 발을 씻긴다고 하면 흔히 성경 속 이야기를 떠올린다. 〈요한복음〉 13장을 보면, 예수가 제자들의 발을 씻기고 새 계명을 준다. "새 계명을 너희에게 주노니, 서로 사랑하라. 내가 너희를 사랑한 것같이 너희도 서로 사랑하라." 예수가 겸손함과 사랑을 담아 새로운 계명을 제자들에게 전한 이 세족의식은 영어로 maundy라고 한다. 계명을 뜻하는 라틴어 mandatum에서 유래했다.

손님의 발을 씻기는 행위는 주로 샌들을 신고 생활하는 문화권에서 큰 환대의 표시였다고 한다. 아무리 깨끗하다 하더라도 남의 발을 만지는 행위에 대한 기본적인 인식을 생각한다면, 이는 정말 아끼는 사람 아니면 해 주지 못했을 환대였을 것이다.

동시에 발은 인간의 노력에 대한 경이를 불러일으키는

신체부위이기도 하다. 직립보행을 하는 인간은 평생 평균적으로 지구 네 바퀴의 거리를 걷는 셈이라고 한다. 축구선수 박지성의 발, 피겨스케이트 선수 김연아의 발을 보면 그들의 경기력이 어느 순간 갑자기 터져 나온 것이 아님을 알 수 있다.

발은 그 사람이 어떤 삶을 살아왔는지 보여 준다. 교정시설에서는 유독 수용자들의 발을 볼 기회가 많이 있다. 무좀, 내성발톱, 통풍이 너무나 흔하다. 의대 시절 병원 실습을 돌면서는 한 번도 제대로 보지 못했던 병들이다. '죽을 병'도 아니고 희귀하거나 복잡한 병도 아니라, 대학병원에서 다루지 않기 때문일 것이다. 하지만 가벼워 보이는 이 질환들도 삶의 질을 심각하게 저해할 수 있다.

이런 병을 볼 때면 일차의료[8]가 가지는 의미를 생각하게 된다. 병원 하면 대학병원부터 떠올리고, 복잡하고 희귀한 케이스를 다루면 더 가치 있다고 판단하기 쉽지만, 보통 환자는 지역사회 의원의 진료 행위를 가장 먼저 접한다. 일

---

[8]   대한의사협회의 정의에 따르면 일차의료란, "환자 가족과 지역사회를 잘 알고 있는 의사가 보건의료 자원을 모으고 알맞게 조정하여 지역 주민에게 흔한 질병을 예방, 치료, 관리하고 건강증진을 위해 지속적, 포괄적으로 제공하는 기본적인 보건의료 서비스"를 말한다.

차의료가 없으면, 의료시스템은 붕괴된다.

교도관 한 분이 양말 위로 피가 비쳐서 데리고 왔다는 여성 수용자의 발은 보는 순간 말문이 막혔다. 발톱 열 개가 모두 무좀균에 감염되어 있었고, 엄청나게 두껍고 길게 자라나 마치 숫양의 뿔처럼 꼬여 있었다. 이 때문인지는 정확히 모르겠지만 발가락 뼈에 변형과 탈구가 있었고, 자라난 엄지발톱이 둘째발가락을 눌러 둘째발가락에 욕창이 생겨 있었다. 그로 인해 썩는 냄새까지 심했다. 수용자는 정신과적인 문제를 지니고 있어서 자기 발이 얼마나 심각한 상태인지 제대로 파악하지 못하고 있었다.

결국 수용자의 발톱 일곱 개를 제거했다. 무좀약을 먹는 정도로 해결될 수준이 아니었다. 이 정도 발톱은 펜치를 잡고 덤벼들어도 쉽지가 않다. 욕창은 보통 꿰매지 않고 관리만 해 주는데, 욕창의 상태, 환자의 정신 상태 및 수용 환경을 고려했을 때 봉합이 더 적절하다고 판단해 봉합하고 항생제를 세게 사용했다. 발등 및 발바닥에 널리 번져 있던 무좀 부위에는 연고를 발랐다. 처치 후 한 달 동안 자주 드레싱을 해 주었더니, 정말 다행히, 염증이 잡혔다.

내가 억울했던 건 이 처치로, 마취 안 하고 발톱 뽑는 의사라고 소문이 났다는 거다. 발톱을 처치하는 동안 수용자가 많이 아파하긴 했지만 마쳐는 했다! 외부 진료를 나갔다 하더라도 이보다 덜 아플 수는 없었을 것이다.

"내부 진료실에서 이 정도의 처치를 한 건 처음이에요."

여사 교도관님이 말했다. 놀라서 이유를 되물었다. 구치소는 수용자들의 입소 기간이 길지 않기 때문에, 보통 간단한 드레싱만 하고 근본적인 치료는 하지 않는 경우가 많다고 한다. 가급적 수용자가 출소하기까지 버티거나, 외진을 보낸다는 것이다.

하지만 그렇게 출소하면? 정신질환 때문에 본인 몸을 스스로 돌볼 줄 모르는 이런 사람이 알아서 병원에 찾아갈까? 외진을 나간다면 달랐을까? 외래로 간다면 두세 달 뒤에 진료가 잡혀서 병원에 가 보기 전에 출소할 가능성이 크고, 응급실로 갔다면 그야말로 '응급'한 처치만 하고 발톱무좀은 그 상태 그대로 돌아왔을 것이다.

수용자들의 발을 자주 들여다본다. 거기 이들의 비하인드 스토리가 담겨 있을 것만 같다. 노숙자였거나 정신질환이 있는 경우, 어김없이 발톱무좀이 나무같이 자라 있다.

2장 그래도, 환자

한 건물에 병원이 네다섯 개씩 되는 2021년 서울이지만 누군가에게는 멀기만 하다. 이런 환자를 오래도록 붙잡고 공들여 치료해도 건강보험심사평가원으로부터 진료비를 삭감당하는 의료 현실을 본다면, 결국 이들에게 교정시설의 진료실은 유일한 병원이 될 수밖에 없다. 아직 대한민국은 누군가에게는 건강의 최후 보루가 교도소인 나라다.

나쁨일까, 아픔일까

"알코올중독자는 당신의 지갑을 훔치고 거짓말을 할 겁니
다. 마약중독자는 당신의 지갑을 훔친 다음 당신이 지갑을
찾는 일을 도울 겁니다.An alcoholic will steal your wallet and lie to
you. A drug addict will steal your wallet and then help you look for it."

영화 〈뷰티풀 보이〉에서

중독 환자들이 병을 극복하지 못하는 것이 오직 그들만의 잘
못일까? "의지가 약해서", "뽕쟁이는 어쩔 수 없어서"라고 말
하는 건 마치 암환자에게 "왜 암을 극복하지 못하세요"라고
다그치는 것과 같다. 유복한 가정환경에서 순전히 재미를 위
해 마약을 하는 경우도 있겠지만, 내가 교정시설에서 만난
마약수들은 대부분 열악한 환경에서 어릴 적부터 친구들과
본드를 흡입하고, 소년원에 있을 때 수면제 복용을 시작한

사람들이었다.

교정시설에 있는 중독 환자들은 잠이 안 온다고, 불안해서 죽을 것 같다고 호소하며 교도관들을 괴롭힌다. 시달림에 지쳐 결국 교도관들은 의사가 그들에게 원하는 만큼 약을 처방해 주기를 기대한다. 실제로 마약수들을 '이미' 마약에 손을 댄 사람들이고, '앞으로도' 마약에서 평생 벗어날 수 없으리라 생각하는 의사들도 있다. 이런 이해관계의 고리 속에서 마약에서 벗어날 수 있도록 돕는 교화나 교정은 당연히 어렵거니와, 오히려 대용 마약을 과다 처방받는 방법을 교정시설에서 배워 나가는 수용자들도 있다. 출소 전후로 마약 거래를 위한 네트워크가 새롭게 만들어지기도 한다.

격하게 공감하며 인상 깊게 읽은 책 중 《중독 인생》이라는 책이 있다. 한국일보 기자들이 마약중독자 100명을 인터뷰해 집필한 책이다. 마약수들의 특징과 그들의 교도소 생활이 이보다 적나라하기도 어려울 것이다. 이 책에 담긴 인터뷰들을 일부 그대로 옮겨 본다.

영혼을 빼앗겼다: "히로뽕을 하면 몸은 아프지 않은데 꼭 머리에 누가 들어온 거 같아요. 누가 히로뽕 얘기만 해도, 먼저 가슴이 뛰고 배가 아프고 화장실을 가야 하고 그래요. 영혼을 빼앗겼다는 말이 맞는 것 같아요. 몸이 기억을 하니까."

사회적 지위: "약을 안 해도 살 만하고 사회적 위치나 역할이 불안하지 않으면 뭣 하러 약을 하겠어요. 동물실험에서 원숭이들을 네 개 집단으로 나누고 약을 곁에 두면, 피지배 집단만 약을 해요. 사회적 역할에서 스트레스를 크게 받는 쪽이 약을 하는 거죠."

마약 사관학교: "단순 투약자는 구치소에 집어넣으면 안 돼. 거기가 사관학교야. 요만큼 알던 사람이 들어가면 몇 배를 배워서 나와. 안에 있던 판매상이 처음 들어오는 단순 투약 사범을 포섭하는 거야. 직업적으로 고객 관리를 하는 거지. 연락처를 받아 놓았다가 출소하는 대로 서로 연락을 주고받아. 단순 투약 사범은 치료받게 해야지, 구치소에 집어넣으면 안 돼. 단순 투약 사범은 거의 집행유예를 받는데 구속되어 재판받는 동안 구치소에서 30~40일 있다 보면, 마약에 대해 잘 모르던 이가 박사가 돼서 나와."

저소득 계층에서 시작: "본드에서 시작해 가스로, 가스에서 알약으로, 알약에서 대마로, 대마에서 필로폰으로, 이 순서를 밟으면 '엘리트'라고 해."

강철원, 안아람, 손현성, 김현빈, 《중독 인생》에서

이런 현실을 교도소 의사 한 명이 막을 수 있을까? 지금 이 시간 내가 있는 곳에서도 각종 방법으로 마약이 반입되고 졸피뎀이 거래되고, 코킹이 이루어지고, 초범 마약수가 마약의 세계에 발을 넓히고 있을 것이다. 이 거대한 파도 앞에서 현실에 대한 타오르는 분노와 좌절감을 동시에 느낀다. 동료 의사들에게 함께 맞서 싸우자고 권유해 보기도 하지만, 시간, 에너지, 감정, 법적 희생을 강요할 순 없다. 밑에서 한 사람 한 사람이 움직이는 바텀업bottom-up의 접근과 함께 제도와 시스템에 변화를 주는 톱다운top-down 방식의 개혁이 동시에 이루어져야 하는데, 둘 다 힘든 현실이다.

교도관들은 마약수가 교도소에 한 번 오고, 두 번 오고, 세 번 오다가 한동안 오지 않으면 이들이 약을 끊었다고 생각하는 것이 아니라 자살했다고 본다. 마약의 끝이 죽음이라면, 이곳 교정시설에서의 시간은 약을 끊는 여정의 시작이어야 하지 않을까. "환자에게 해를 가하는 일을 하지 말라." 히포크라테스의 격언을 굳이 떠올리지 않더라도 말이다.

마약수들은 약과 주사의 유혹에서 벗어나지 못하는 사람들이다. 그들은 끊임없이 신경안정제, 수면제, 진정제나 마약성 진통제를 찾는다. 여기에 간과하기 쉬운 근육이완제도 있다. 근육이완제는 말만 들으면 근육을 풀어 주는 약 같지만 일종의 중추신경억제제로, 마치 근육통이 덜한 것 같다는 착각을 준다. 교정시설에서 취급하는 근육이완제는 콘락스Konlax인데, 수용자들 사이에서는 알약 위에 쓰여 있는 문자인 'K2'로 통용된다. 하루에도 최소한 다섯 명이 진료실에 와서 근육이완제를 요구한다.

비스테로이드성 진통소염제만 먹는 경우와 근육이완제를 함께 먹는 경우의 진통소염 효과를 측정한 연구들이 있다. 그 연구들에서 두 경우의 효과가 같다는 결과치를 확인할 수 있다. 그러니 더욱 수용자들에게 근육이완제를 줄 수 없다. 수용자들은 '뽕 가는 듯한' 효과를 위해 근육이완제를 가루로 만들어 본인들이 교정시설 내에서 별도의 허락 없이 상비약으로 살 수 있는 항히스타민제와 같이 먹는다고 한다. 트리돌Tridol처럼 강한 진통제를 먹으면 한 알마다 수용 생활

2장 그래도, 환자

이 다섯 시간씩 줄어든다는 말도 있다.[9]

교정시설에 이들을 가둬 놓는 데 그치는 것이 아니라, 이들이 출소해서 다시 마약을 하지 않을 수 있도록 조금이라도 도와주어야 한다는 데 생각이 미치면, 머릿속에 전쟁이 일어난다. 최대한 약을 필요한 양만 주려 노력하고 있는데, 이게 정말 쉽지 않다. 계속해서 몽롱한 기분을 느낄 수 있는 항히스타민제를 얻기 위해 수용자들은 끊임없이 비염 등의 증상을 호소한다. 실제 비염인 사람이 얼마나 될까 굉장히 의심스럽다.

이제 막 스무 살이 된 마약수를 만난 적이 있다. 유난히 밝은 친구라서 내성발톱을 처치해 주면서 이런저런 얘기를 물어봤다. 보육원에서 자랐다는데, 성장 배경을 알 수 없을 정도로 밝은 친구였다. 필로폰을 해서 교도소에 들어왔다고 한다. 그 때문에 당뇨를 가지고 있었다. 처음에는 어린 나이에 당뇨가 있어 당연히 1형 당뇨병이라 생각했는데, 2형 당뇨병이었다. 찾아보니 필로폰의 원료인 메스암페타민이 당

---

[9]　항히스타민제는 두드러기, 발적, 소양감 등의 알레르기성 반응에 관여하는 히스타민의 작용을 억제하는 약물. 알레르기성 질환 외에도 콧물, 재채기, 불면, 어지러움증, 구토, 멀미 등을 완화하는 데 사용된다(출처: 약학용어사전).

뇨의 큰 위험인자였다.[10]

이외에도 마약이 건강에 미치는 영향은 다양하다. 주사기를 공유하는 과정에서 매독이나 HIV 같은 감염병에 걸릴 위험이 가장 대표적인 문제다.

메스암페타민methamphetamine은 치아손상meth mouth을 일으키는 것은 물론, 피부 속으로 벌레가 기어다니는 느낌 meth bug을 들게 하기 때문에 피부를 긁어서 상처가 생기기도 한다. 젊은 사람에게서 뇌졸중을 일으키는 경우도 많다.

중독성이 담배보다 약하다며 도입을 주장하는 사람들이 있는 대마의 경우도, 간접흡연의 피해가 심각하다. 특히 아직 발달이 끝나지 않는 소아, 청소년들에게 간접흡연은 중독, 환각, 정신착란 등의 증상까지 일으킬 수 있는 것으로 알려져 있다.

이차적인 질병을 거론하지 않더라도, '중독'이라는 것 자체가 심각한 질환이다. 중독된 상태에서는 그 어떤 것도 약이 주는 즐거움을 대신할 수 없고, 약을 하지 않을 때는 일상

[10]   1형 당뇨병은 인슐린 자체의 분비가 되지 않는 경우로, 우리가 흔하게 보는, 인슐린 분비 자체는 있으나 인슐린 저항성이 문제인 2형 당뇨병과는 다르다. 1형 당뇨병이 보통 더 어릴 때 발견되나, 유전적 영향이 더 큰 것은 2형 당뇨병이다.

적인 생활이 어려우며 우울, 불안 등과 같은 증상을 경험하는 경우가 많다. 교도관들이 교도소 출입이 뜸해진 마약수에 대해 자살한 것이라고 짐작하는 이유가 여기에 있다.

의료적인 부분 외에도 검토할 부분이 많다. 한국형사정책연구원이 2006년 발행한 연구보고서를 보면, 교도소 수용자 27.5퍼센트51명 중 14명가 취업이 안 될 경우 "마약을 팔아서라도 생계비를 마련하겠다"고 답했다고 한다.

《중독 인생》에도 나오듯, 구치소보다 치료시설이 우선되어야 할 수도 있다.물론 한국의 몇 안 되는 중독치료 시설의 의사 선생님들은 현재 격무에 시달리고 계시기 때문에 이에 대한 적절한 지원 및 대책 없이 치료시설로 보내는 것이 답은 아니다. 연간 마약류를 투약, 흡연 또는 섭취한 마약류 사범은 약 7,500명에 이르는데 치료감호, 치료보호 또는 치료명령 등을 받는 인원은 약 1천 명에 불과하다. 대검찰청 통계에 따르면 치료보호는 2019년 기준 260건, 치료감호는 30건가량 이루어졌다. 치료감호와 치료보호는 검찰의 청구가 있어야 가능하며, 치료명령은 법원의 권한이다. 사실, 중독 환자든 다른 정신적 병리를 보이는 환자든, 그들의 숫자에 비해 치료시설이 많이 부족하다. 현재 법률에 따라 지정된 '치료보호기관'이 전국에 21곳국공립 13곳 포함 있으나 실질적으로 운영되고 있는 기관은 네다섯 곳에 불과하다. 2020년 기준 최근 5년간 치료보호 실적이 다섯 건 이하인 지정기관이 열네 곳에 달하고, 특히 국공립병원 네 곳은 아예 실적이 전무하다.[11]

우리나라 의학 교육에서 마약에 대해서 좀 더 가르치지 않는 것은 굉장히 안타까운 일이다. 대마로 인한 합병증은 내 가까운 친구 중에도 있을 정도로 흔하다. 하지만 의대 시절 마약에 대해서 제대로 공부해 본 기억은 없다. 특히, 최근 지속해서 국내외에서 문제가 되는, 속칭 '스파이스'라 불리는 JWH-018과 같은 '합성대마'에 대해선 배운 적이 없다. 이런 마약들의 성분, 작용, 중독 시 특징, 치료방법 등에 대한 교육이 보충돼야 하지 않을까? 지금 마약은 남의 나라 이야기가 아니라 우리의 현실이다.

---

[11] 〈한국일보〉 2020년 6월 27일 기사 참고.

의사가 의사를 만날 때

"교도소 담장 위를 걷는다"는 말이 있다. 교도소 담장 안쪽은 생각보다 가깝다. 의사도 예외는 아니다.

의사를 진료 보는 의사는 긴장한다. 내 진료 행위를 평가당하고 트집잡힐 것 같기 때문이다. 다른 곳에서 의사를 환자로 만나면 그래도 이 정도 감정에서 멈추겠지만, 의사 가운이 아닌 수인복을 입고 있는 의사는 아무래도 멋쩍다. 성형외과 전문의였던 수용자의 피부를 꿰매야 했을 땐, 수용자가 별말을 건네지 않았음에도 시험 보는 학생처럼 입이 마르고 땀이 삐질삐질 흘렀다. 그런 내 모습이 속으로 어찌나 우스꽝스럽던지.

의사 출신 수용자를 보면 우선 죄목에 관심이 간다. 단순한 호기심이기도 하지만, 때로는 '혹시 내가 저렇게 될 수도 있을까?' 하는 생각도 든다. 사건 기록을 보면 '이 사람은 도대체 뭘 잘못했길래? 이게 형사처벌을 받을 정도인가?' 하고 팔이 안으로 굽을 때도 있고, '어떻게 의사가 이럴 수가?' 하는 놀라움에 의사 망신 제대로 시킨다고 분노할 때도 있다. 의사라고 의료과실이나 과실 은폐, 사무장 병원 운영 등의 혐의로만 입소하지는 않는다. 때로 죄목이 마약, 성범죄, 살인인 경우도 있다.

"나가서 MRI 좀 찍게 해 달라고요!"

휠체어에 곧 미끄러질 것처럼 앉아서 우는 소리를 하는 수용자는, 번듯하게 병원을 운영하던 병원장이다. 허리가 아픈 사람은 절대 휠체어에 저런 자세로 앉아 있을 수가 없는데, 계속 같은 자세를 하고서는 외진을 요구한다. 좀 조용히 하라고 했더니 허리가 아프다는 사람이 이젠 휠체어에서 벌떡 일어나 진료 대기실 의자에 드러눕는다. 하는 행동이 어느 수용자보다도 '애기' 같다. 의사라면 본인 주장이 얼마나 허무맹랑한지 잘 알 텐데, 내가 다 민망했다.

이런 수용자가 흔한 건 아니다. 의사 출신 수용자 열 명 중 여덟 명 정도는 초진 볼 때 조용히 속삭이듯 말한다. "제가 사실 의사입니다"라고. "아 그러세요?"라는 대답 다음에 나는 보통 이런 말을 덧붙인다. "근데 왜 고혈압 약을 안 드시고 계신가요?" 의사가 더 말을 안 듣고 의사가 더 약을 안 먹는다는 말이 속설이 아니라 진실이었던가.

의료과실로 들어온 수용자를 보면 '혹시 나도?'라는 두려움이 든다. 의사가 민사상의 책임을 지는 것은 당연하다고 생각하지만, 형사상의 책임은 어느 때 져야 하는 걸까? 고의성이 없는 환자의 죽음에 의사는 어느 정도의 책임이 있을까?

　우리나라 의료분쟁은 1989년 69건이었던 것이 2018년에는 2,291건으로 증가했다. 환자 측이 의료인을 상대로 형사고소를 하면, 형사고소를 접수받은 수사기관보통 경찰은 과실 여부를 판단하기 위해 수사를 개시한다. 즉, 서면을 통해서건 소환을 하건 의료인을 조사한다. 법률 지식이 없는 의료인 입장에서는 업무상 과실치사상이든, 직무유기든 수사에 응해야 하고, 고소당했다는 사실 자체에도 타격을 받을 수 있다.

한 사람의 사회경제적 지위는 교정시설 내에서 어느 정도로 작용하는 것이 정당할까. 주변에서 왕처럼 모시는 수용자에게 나까지 굽신거릴 필요는 없다는 것, 이것만은 명확하다. 최소한 이곳에서는, 적어도 의료적인 측면에서는, 죄의 경중과 사회경제적 지위에 상관없이 누구나 평등하게 대우받아야 한다.

의사의 역할

어지럼증과 변실금이 주요 증상인 환자였다. 신경학적 검사[12]에서 특별한 이상이 보이지는 않았지만, 외진을 나가 뇌 사진을 찍어 봐야 정확하겠다는 생각에 과장님 진료를 보도록 했다. 과장님이 안 계실 때는 공중보건의가 외진을 결정하기도 하지만, 보통은 의료과장님이 외진 여부를 결정한다. 과장님은 생체징후혈압, 맥박, 체온, 산소포화도, 호흡수가 안정적이고, 의사소통이 가능하므로 좀 더 두고 보자고 하셨다. 하지만 수용자의 상태는 계속 악화되어 결국 20일 후 외진을 나갔다. MRI상 크기 5센티미터의 뇌교모세포종glioblastoma이 숨뇌medulla를 침범한 것으로 보였다. 이 수용자에게는 형집행정지가 내려졌다.

수용자가 외부 병원에서 수술을 받고 항암치료를 앞두

---

[12] 뇌나 신경기능을 평가하기 위한 신체검사.

고 있던 시기였다. 수용자의 아들분이 교도소로 나를 찾아왔다. 수용자 가족과 직접 얘기를 나눈 것은 3년의 교정시설 생활 중 이때가 처음이자 마지막이었다. 아들분은 교도소에서 아버지가 받았던 의료처우에 대해 묻고 싶다고 했다. 나는 마음을 가라앉히고 그동안의 경위를 설명해 나갔고, 가끔씩 반문하는 아들분의 언성은 점점 높아져만 갔다. 애초에 그분에게는 나의 변명 같은 설명이 필요치 않았던 것이다. 생이 얼마 남지 않은 아버지를 매주 찾아뵈며 최선을 다하고 있던 아들은 억울했을 것이다. 아파도 바로 치료받을 수 없고, 외진을 나가기도 어렵고, 가장 가능성 높은 질환으로서 암을 진단받을 수 없었던 교도소 진료실의 현실을 모두 알고 있었다 해도 말이다. 그 모든 것들 중에서도 그를 가장 화나게 한 것은 아버지의 상태에 대해 교도소 의료진이 자신에게 한 번도 설명한 적이 없다는 사실이었다. 말하고 있는 그의 입술이 파르르 떨렸다.

피해자에게는 피눈물을 흘리게 한 수용자지만, 이들도 결국 누군가의 가족이며, 우리 사회의 일원이고 난 이들 1,500명의 주치의라는 것. 그 사실이 그날처럼 생생하게 와닿았던 적이 없었다. 과장님이 소에 들어오시는 하루 30분 남짓을 제외하고는, 교도소 내 의사는 나 혼자고, 1,500명의 주치의가 되기엔 아직 실력도 부족하다고 하소연하고 싶었다. 군인이라는 신분으로, 많지 않은 월급을 받고 살고 있다고, 언론에 제보하고 고소할 거라고 말하는 수용자들이 얼마나 많은지 아냐고, 솔직히 힘들다고 항변하고 싶었다.

사람들이 내게 기대하는 역할은 단순한 의료처우 그 이상이라는 것을 안다. 환자를 내 가족처럼 챙기며 환자와 그 보호자에게 몸의 상태를 상세하게 설명하는 것, 이는 환자와 그 가족들이 기대하는 의사의 역할이다.

　내 아버지는 좋은 의사가 되기 위해서는 이종격투기 선수가 돼야 한다고 말씀하신다. 환자와도 잘 싸울 수 있어야 한다고. 미안하지만, 나는 그 말에 동의하지 않는다. 정면으로 대응하는 대신 슬픔에 싸인 보호자의 하소연을 받아 주고 그들이 분노를 표출하는 대상이 되는 것도 의사의 역할이라고 생각한다. 여기저기서 쉬지 않고 돌이 날아와도 결국은 평정을 되찾는 깊고 넓은 호수 같은, 그런 의사가 되고 싶다.

형집행정지가 내려지면 수용자는 가족이나 보호자에게 인도된다. 그 시점부터 병원비 부담도 교도소에서 가족에게로 넘어간다. 항암치료를 앞두고 있던 이 수용자는 가족에게로 돌아가지 못했다. 경제적인 부담 때문에 가족이 인도를 포기한 것이다.

환자와 그 가족이 어떤 사람이든 의사의 자세와 역할에 관한 내 생각은 변함없다.

교도소의 양치기 소년들

사람 목으로 생각보다 많은 것이 넘어간다는 건 의과대학이 아니라 이곳 교정시설에서 배웠다. 서른 살의 수용자 B는 볼 펜을 삼켜서 진료실에 왔다. 엑스레이 촬영으로 그가 삼킨 볼펜이 보였다. 다행히 볼펜의 일부라서, 8센티미터 이하였고, 자연 배출될 가능성이 있기에 추적관찰을 하기로 했다. 매일 엑스레이를 촬영해서 볼펜이 어디까지 내려왔는지 확인하기로 한 것이다.

추적관찰 이틀째, 소동이 벌어졌다. B가 소화기로 엑스레이실의 거울을 깨고 거울 조각으로 손목을 그은 것이다. 교도관들이 달려들어 막을 때까지 소리를 지르며 스무 번도 넘게 자신의 손목을 그었다. 그러면서 내 말 좀 들어 달라고 절박하게 외쳤다. 기동순찰팀이 B를 제압해 진료실로 끌고 왔다. B의 다리에는 발목보호장비가 채워졌고, 나는 손목 봉합을 하기 시작했다. 기동순찰팀을 비롯한 교도관 10여 명이 나와 B를 둘러쌌다. 모두들 입을 다물고 있었지만 각자 생각이 구름처럼 떠 있는 듯했다.

B는 어떤 이득을 얻기 위해 자해를 했을까. 교정시설에서 근무하는 사람이라면 먼저 이렇게 생각하는 것이 당연한 수순일 수밖에 없다. 그러니까 B가 외진을 나가고 싶거나, 독방을 쓰고 싶거나, 원하는 약을 얻기 위해서 이 소동을 벌였다고 말이다. 경험상 그런 경우가 워낙 많기 때문에 잘못된 의심이라고 볼 수는 없다.

봉합을 하며 조용히 B에게 물었다. 왜 볼펜을 삼켰는지, 왜 손목을 그었는지. B에겐 아내와 딸이 있는데, 접견 때 아내로부터 딸이 많이 아프다는 얘기를 들었다고 한다. 딸이 걱정되고 억울해서 접견을 마치며 책상을 걷어차는 등의 소란을 피웠는데, 주변 직원들이 본인의 상황을 듣고 위로해주기보다는 소란을 트집 잡았다고 한다. 그래서 분한 마음에 볼펜을 먹었다고 했다. 그런데 다음 날 교도관 한 분이 B에게 "친딸도 아닌데 왜 난리냐"고 한마디 한 것이다. 그 말 한마디가 손목 자해로 이어졌다.

상처를 봉합하며 B에게 현재 상황이 힘들다는 것을 이

해한다고, 딸이 많이 걱정될 거라고, 하지만 지금 같은 방식보다는 다른 방법을 택하는 것이 이 상황을 이겨 내고 해결책을 찾는 데 더 도움이 될 것 같다고 말했다. 그 말밖에는 내가 해 줄 말이 많지 않았다.

B는 사동에 돌아가는 대신 조사실에 수용됐다. 그런데 오후에 B가 다시 의료과로 끌려왔다. 이번에는 이로 봉합을 다 뜯어 버린 것이다. 다시 한번 교도관들에 빙 둘러싸여 그에게 왜 그랬는지 물었다. 내 목소리에 황당함이 묻어 나오는 걸 어쩔 수 없었다. 실컷 꿰매 놨더니 이게 뭐냐는. 이번에는 책을 보고 싶은데 못 보게 해서 그랬다는 B의 대답. 그제야 단순한 자해가 아닐지 모른다는 의심이 들었다. B에게 정신과적인 문제가 있는 게 아닐까.

B에게 정신과 치료를 받은 적이 있냐고 물었다. B는 밖에서 분노조절장애로 약을 먹었다고 했다. 하지만 구치소에 들어온 지 벌써 몇 개월이 됐는데, 어떻게 지금까지는 감정 조절에 문제가 없었을까. 궁금증을 표했더니 사동 담당 교도관이 상담을 열심히 해 주셨다고 한다. 사람과 사람의 마음에 작동하는 힘은 때로 약보다 센 게 분명하다.

분노조절장애란 진단명이 중요한 건 아니었다. 다시 꿈

꼼하게 상처를 꿰매면서 B에게 화나고 답답한 일이 있으면 의료과로 진료 신청을 요청해 나오라고 했다.

"안 내보내 주면 어떻게 하죠?"

"정신과 상담을 받는다 하고 나와요. 그 정도 거짓말은 할 수 있죠?"

그제서야 B의 얼굴에 수줍게 미소가 잡힌다.

이후 B는 매일 두 번씩 진료실에 왔다. 점점 밝아지는 그의 얼굴이 낯설고 어색하다. 절대 잃고 싶지도, 잊고 싶지도 않은 생기다.

교도소 밖의 우리와 마찬가지로 때로 이들에게는 그냥 자기 이야기를 들어 줄 사람이 필요하다. 그들의 이상행동은 병이 아니라 관심을 가져 달라는 몸부림일 때가 많다.

구치소나 교도소에 있다 보면 거짓말하는 양치기 소년들을 많이 만난다. 거짓말들 사이에 놓이면 "나 힘들어요"라는 진짜 외침을 놓치기 쉽다. 힘들다는 외침에도 귀 기울이고, 동시에 양치기 소년들에게도 "왜 자꾸 늑대가 나왔다 그러니?" 물어볼 수 있다면, 양치기 소년이 늑대에게 잡아 먹히는 일은 없을지 모른다. 이미 자해나 약물중독의 형태로 마을 사람들에겐 양치기 소년이 됐을지 모르나, 양치기 소년도 소년이다.

나에게 왜 미각이 존재하는지 잊었어And I forget just why I taste

아 그래, 날 웃게 만들어선가Oh yeah, I guess it makes me smile

어렵게 알아냈네, 꽤 찾기 힘들었어I found it hard, it's hard to find

아마도, 아무튼, 신경 꺼Oh well, whatever, nevermind

너바나Nirvana, 〈10대 냄새가 나는데Smells Like Teen Spirit〉에서

교정시설에 갇힌 외국인들

교정시설에 있다 보면 외국인들을 심심찮게 만난다. 외국인 교도소로 지정된 천안교도소가 아니어도 말이다. 순천교도소엔 외국인이 많진 않았지만, 흥미롭게도 배타적 경제수역 문제로 들어온 중국인들이 있었다. 그중에 한 명은 매독 양성이었다. 매독의 표준치료는 매독 주사를 일주일에 한 번씩 세 번 맞는 것이다. 약 색깔은 하얀 우유색인데 엉덩이 근육에 잘 들어가게 하려면 18게이지지름 1.02밀리미터의 굵은 주사 바늘을 사용해야 한다. 이 주사를 맞으며 고통스러워하던 그 중국인 수용자의 얼굴이 유독 눈에 선하다. 큰 배에 올라타 바다를 호령할 것 같은 몸이었는데, 겁에 질린 표정이 낯설었다.

서울구치소에 라이베리아인들이 대거 들어온 적도 있다. 처음엔 생소한 나라 이름에 '웬 라이베리아?'라고 생각했다. 기사를 찾아보니 라이베리아인 국제사기단이 각종 사고를 일으키고 있다는 내용이 많았다.

> 라이베리아인이 5인조 사기조직을 결성해 미군을 사칭, 블랙머니 수법으로 한국인을 속여 약 8억 원대 갈취(2018년 10월 기사).

> 라이베리아인 국제사기단이 거액 상속 미국 외교관을 사칭, 한국인 23명에게 약 14억 원을 가로챔(2019년 4월 기사).

> 변색 화폐 반입 등 그린머니 사기로 큰돈을 벌 수 있다고 한국인을 속여 7억 5천만 원을 받아 냄(2019년 7월 기사).

그린머니는 비자금 등 불법자금 은폐를 위해 제작되는 위조화폐다. 정상 지폐에 화학약품을 칠해 녹색으로 만들어 유통하다가 다시 약품처리를 통해 정상 지폐로 바꾸는 식으로 활용된다. 2019년 9월 법무부는 라이베리아인의 무비자입국을 금지했다.

모든 신입 수용자는 HIV 선별검사를 받는다. 그 과정에서 라이베리아인 수용자가 HIV 양성으로 밝혀졌는데, 이를 알고 충격에 빠진 그의 모습이 아직도 생생하다.라이베리아는 HIV 유병율이 1.9퍼센트로 매우 높은 나라다.

테러 단체에 자금 지원을 한 혐의로 구속된 우즈베키스탄인도 있었다. 요로결석이 심해서 외부 병원으로 진료를 보내려고 했더니, "테러리스트를 왜 병원으로 빼냐"는 보안과의 반응이 흥미로웠다. 이 친구가 정말 테러리스트라고 해도 이 상황에서 무슨 일을 할 수 있다고 눈이 동그래지나 싶었다. 병원에 잘 다녀온 우즈베키스탄 수용자는 한동안 건강에 큰 이상 없이 지냈다. 그러다 한번은 그가 아랫배가 아프다고 진료를 나왔다. 말도 잘 안 통하고 요로결석 증상도 아니어서 나도 혼란스러웠다. 처음엔 단순 복통이겠거니 했는데, 계속 진료를 나오길래 엑스레이를 찍어 봤다. 그랬더니 요로결석이 심할 때 다시 막히지 말라고 넣어 놓은 요관 스텐트가 배에 떡하니 있는 것 아닌가. 아마 일정 시간이 지난 후 다시 병원에 나와서 스텐트를 제거하라고 안내를 받았을 텐데, 본인도 못 알아듣고 동행한 직원도 놓친 듯했다.

이렇게 외국인 수용자와는 의사소통에 문제를 겪을 때가 많다. 이들과는 구글 번역기를 켜 놓고 컴퓨터 화면을 보며 대화한다. 순천교도소에선 중국인 수용자들을 진료 보며 너무 답답해서 방송통신대 중어중문학과에 입학도 했더랬다. 중국어 실력을 크게 키우지 못해 이후로도 답답한 상황은 여전했지만. 외국인 수용자로서도 말이 안 통하고, 음식도 안 맞는 곳에 와서 힘들 것이다. 무슬림 수용자가 음식을 거부한 경우도 있었다. 사우디아라비아인이었는데 밥을 제대로 먹지 못했다. 진료를 나온 그가 대사관에 연락해 달라고 눈물을 뚝뚝 흘리는데, 마음이 짠했다.

교도소에서는 그때그때 크고 작은 문제들이 매일 발견된다. 이를 모두 해결할 수는 없고, 정부 예산 책정도 고려해야 한다. 그런 탓에 문제에 직면한 직업인 한 명 한 명의 태도가 근무 현장에 미치는 영향이 크다. 피도 눈물도 없을 것 같은 교도소지만, 이곳도 결국 일하는 사람들 각자의 선택과 의지로 굴러간다.

3장 사람이 살고 있는 곳

동시대 사람들의 인간성을 인정함으로써 우리는 스스
로에게 최고의 경의를 표하게 된다.In recognizing the
humanity of our fellow beings, we pay ourselves the
highest tribute.

서굿 마셜Thurgood Marshall

M 이야기

M은 입소 후 거의 두 달 가까이 아무것도 먹지 않았다. 그는 50대 중반 정도 된 남성 수용자로, 처음엔 단순한 불식不食 환자일 거라 생각했지만, M이 아무 말도 하지 않는 모습을 보다가 이상한 부분을 알아챘다. M은 단순히 말을 않는 것이 아니라 아예 입을 벌리지 않았다.

이차적 이득을 위한 불식이라면 보통 원하는 것을 말하거나 최소한 "내가 왜 안 먹는지 이유를 말해 주지 않겠다" 하는 정도의 말은 한다. 이렇게 아예 먹기를 거부하는 경우엔 정신질환을 의심해 봐야 한다. 조현병의 음성 증상이 음식을 거부하는 형태로 나타날 수 있기 때문이다.

M이 음식을 거부하는 기간이 길어지자, 나는 그를 정신질환 전담 교도소인 진주교도소에 보내야 한다고 판단했다. 그러나 무슨 이유에서인지 이송 신청이 받아들여지지 않았

다. 그래서 원격으로 정신과 진료를 받도록 하고, 외진을 나가서 약을 받아 오게 했다. 하지만 M이 계속 입을 벌리지 않으니 약도 줄 수 없었다. 이즈음 이미 M은 기력이 없어 항상 누운 상태였다. 강압적인 느낌이 들지 않을 정도로만 입을 벌리려 시도해 보는데, 그는 위아래 이를 앙다문 채 입을 열지 않았다. M의 눈은 신기하게도 외국인처럼 푸른 빛을 띠었다. 입은 열지 않으면서 눈빛은 순진무구했다. 그 파란 눈을 깜박이던 모습이 기억에 남는다.

항정신병anti-psychotics 약제를 근육주사로 환자에게 주기도 한다. 그러나 교도소에 이런 주사 제제가 구비되어 있지 않을뿐더러, 이 문제로 외진까지 한번 나갔다 온 수용자여서 다시 외진을 내보내는 것에 의료과장님과 보안과 모두 소극적이었다. 지난번 외진 때 왜 병원에서 제대로 조치를 취하지 않았는지 원망스러울 뿐. 아마도 정신과 전문의를 만나지 못하고 응급실에서 응급처치만 받는 정도의 진료를 보았기 때문일 것이다. 다행히 M이 수액은 거부하지 않아 수액으로 간신히 하루하루를 버티고 있었다.

내일이라도 다시 외진을 내보내자고 결론이 난 날이었다. 뭔가 불안했다. 그날 밤이 고비일 것 같았다. 보통은 6시에 퇴근하지만 의료과에 남아 M에게 수액을 맞추면서 경과를 관찰하기로 했다. 진료실에 M을 눕혀 놓고 건너편에 앉았다. 주기적으로 M의 상태를 확인했다. 밤 10시쯤 갑자기 M이 의식이 잃더니 맥박과 호흡이 사라졌다. 심폐소생술을 시작했다. 의사가 되어 처음 시도한 심폐소생술이었다. 앞으로 매번 그럴지도 모르겠지만, 심폐소생술을 하는 동안 세상이 멈춘 것만 같았다. 다행히 두 번째 사이클쯤, 119 구급대가 도착했고, M의 자발 순환이 돌아왔다.

외부 병원에 나간 M은 전남대학교병원 중환자실에 입원했다. 형을 살 수 있는 건강 상태가 아닌 것으로 판단돼, 형집행정지가 이루어졌다.

M은 그의 형에게 인도되었다. 형은 경제적으로 어려운 형편인 듯했다. 전남대병원에서는 M의 상태가 매우 좋지 않기 때문에 퇴원이 불가능하다고 했지만, 대학병원 중환자실의 입원비를 감당할 수 없었던 형은 M을 다른 병원으로 전원시키겠다고 했다.아마 요양병원 같은 곳이었던 것 같다.

결국 M은 이동 중 앰뷸런스에서 사망했다. 이때 환자가 사망하는 곳으로 이용되는 사설 앰뷸런스가 있다는 사실을 처음 알게 되었다. M이 그런 곳에서 사망했으리라는 건 어디까지나 나의 개인적인 추정일 뿐이지만, 요양병원 찾기도 쉽지 않은 지역에서, 치료를 계속해 나갈 형편이 안 되는 사람들에게는 실행 가능한 선택지가 몇 개 되지 않는다.

M의 형은 M의 사망 후, 교도소 내 의료처우에 대해 국가인권위원회에 민원을 넣었다. 국가인권위원회에서 나에 대한 실사 조사를 나왔다. 조사원은 CCTV를 확인했다. 퇴근 시간 이후까지 남아서 M을 돌보고 있는 내 모습이 동영상 안에 남아 있었다. 조사원은 내게 이런저런 질문을 했다. 궁극적으로 환자에게 할 수 있는 최선의 의료를 제공한 것이 맞냐는 내용이었다. 두 번째 외진을 나가기 전에 심정지가 왔지만 이는 미리 예측할 수 없는 상황이었고, 진료실에서 내가 할 수 있는 모든 것을 시도했다고 말했다. 거짓말 없이 당당하게 말할 수 있어서 다행이라고 생각하며.

M과 같은 정신질환 환자에 대한 임상경험이 더 풍부했더라면 하는 개인적인 소회를 뒤로하고, 이 사건에서 나에게 더 크게 와닿은 질문은 이들을 위한 시스템이 정상적으로 작동하고 있는가이다. 이 수용자는 입소 시점부터 불식했다. 애

초에 이런 정신질환자를 왜 구속했을까. 경제적 문제 때문에 환자를 포기해야 하는 상황은 왜 여전히 계속되는가. 국가인권위원회는 수용자에게 필요한 인권이 어떤 것인지 충분히 고민하고 있는가. 국가인권위원회는 제대로 된 치료를 받아야 하는 수용자에 대해서는 어떤 목소리를 내고 있는가.

서울구치소로 근무지 이동을 한 뒤에도 비슷한 수용자들을 만났다. 그중 한 중국인 수용자는 마찬가지로 말을 거의 하지 않고 밥을 먹지 않았다. M보다는 상태가 나쁘지 않아 보였다. 다시는 이 문제로 환자를 잃고 싶지 않았기에, 의료과에 환자를 앉혀 두고 알약을 가루로 만들어 커피나 콜라에 타서 겨우겨우 먹었다. 이 수용자의 상태는 곧 호전되었다. 환자는 확실히 의사의 가장 큰 스승이다.

보안과와 의료과

교도소 또는 구치소는 크게 총무과, 보안과, 분류심사과, 직업훈련과, 복지과, 출정과, 의료과 등으로 구성된다. 이 중 분류심사과, 직업훈련과, 복지과 같은 곳은 의료과와 크게 만날 일이 없다. 의료과는 거의 대부분 보안과 소속 교도관들과 일한다.

열쇠꾸러미는 교도관들의 상징과 같다. 자동화가 되어 있지 않았을 땐 수용동의 철문들과 사동의 문들을 모두 열쇠로 따고 잠가야 했을 테니, 그 시절 교도관들은 얼마나 많은 열쇠를 가지고 다녀야 했던 걸까. 하지만 오늘날 교정시설에서 교도관들은 열쇠꾸러미를 들고 다니지 않는다. 요즘은 보안카드를 찍거나 지문을 대거나 비밀번호를 눌러 문을 연다. 수용자 사동의 문은 팀 사무실에서 원격으로 열고 닫을 수도 있다.모든 시설이 다 현대화가 이루어진 것은 아니라서, 열쇠로만 열 수 있는 문들이 아직 남아 있다.

인권 의식과 함께 수용자의 의료처우가 어느 때보다 중요해진 요즘, 교도관들은 사례관리사지역사회 구성원이 적절한 복지 서비스를 이용할 수 있도록 안내하고 연계하는 직업인. 특히 정신질환자의 퇴원 후 관리를 맡기도 한다.와 비슷한 역할을 한다. 의료진들이 수용자들을 지켜보는 시간은 진료 시간에 국한돼 있지만, 보안과 직원은 24시간 수용자와 함께 있다고 봐도 과언이 아니기 때문이다. 수용자가 진료실에 올 때도 보안과 직원들이 동행한다. 그들은 수용자의 기분, 위생 상태, 특이사항, 사동에 있을 때 보였던 증상 등을 의료진에게 전해 줄 때가 많다. 보안과의 모든 직원이 이런 업무를 자기 일로 여기는 것은 아니기에, 이렇게 수용자들을 밀접하게 봐 주는 분들에겐 존경심이 든다.

교정시설에서 의료과는 엄연히 하나의 '과'이지만, 교정시설의 핵심 역할인 계호를 담당하고 정복교도관으로 이루어진 보안과와는 다르다. 인원도 훨씬 적다. 약 2,700명의 수용자가 있는 서울구치소에 직원은 700명가량 되는 것으로 알고 있는데, 그중 의사는 나를 포함해서 다섯 명이다. 나처럼 군복무를 하는 사람은 치과 공중보건의사 한 명이 더 있다. 의료과 직원은 총 20명 정도로, 보안과 직원은 그 열 배 이상이다.

의사나 간호사가 병원처럼 흰색 가운을 입느냐 하면, 그건 본인의 자유라고 답해야겠다. 나는 웬만하면 가운을 입지 않는다. 가운이 주는 권위에 의존하고 싶지 않고, 가운을 입으면 왠지 모르게 다른 직원들과 이질감이 생긴다고 생각해서다.

의료과에서 수용자를 외진 보내는 일은 의료과만의 일이 아니다. 서울구치소에서는 응급 진료 외에도 하루 평균 세 건 정도의 외진이 있는데, 한 명의 수용자가 외진 나가는 데 세 명의 보안과 직원이 동행해야 한다. 보안과 직원 입장에서는 병원 동행이 크게 힘든 일은 아니겠지만 인원이 많이 필요하기 때문에, 인력 배치를 새로 해야 하는 어려움이 있다. 그래서 외진 허가를 낼 때 보안과 눈치를 많이 본다. 교도소 내에서 처리할 수 있는 의료 문제에는 분명 한계가 있기 때문에 외진이 필수적이라고 생각하지만, 동시에 시급하지 않은 의료처우를 위한 외진은 허가하지 않도록 주의를 기울인다.

최근 보안과와 의료과 사이에는 보호장비 착용에 관한 이슈가 있었다. 자살, 자해, 타해의 우려가 큰 수용자는 수갑, 머리보호장비, 발목보호장비, 보호대, 보호의자, 보호침대, 보호복, 포승 등을 착용해야 하는데, 이를 '보호장비'라고 부른다. 2020년 5월, 14시간가량 보호장비를 착용한 부산구치소 노역수형자가 사망한 사건이 있었다. 이 수용자의 사망원인으로, 건강 상태가 온전하지 못했음에도 이에 관한 별다른 확인 없이 보호장비 착용이 장시간 이루어졌기 때문이라는 감사 결과가 나왔다. 이에 따라 보호장비 착용에 관한 새로운 지침이 만들어졌다. 여기에는 보호장비 착용 시 소장 보고, 취침 시간에는 원칙적으로 보호장비 해제, 정신질환자, 노인, 장애인, 환자가 보호장비를 착용하게 될 경우 또는 보호장비를 두 종류 이상 착용할 경우 두 시간마다 기본적인 건강 상태를 체크해야 한다는 내용이 포함되었다.

나는 교정본부 의료과에 "두 시간마다 건강 상태 확인"과 관련한 구체적인 내용들을 제안하고, 점검해야 할 건강 상태 항목을 기안해서 올렸다. 여러 해외문헌과 사례를 검토하면서, 보호장비 착용 자체가 상세불명의 사망과 관련 있다는 점도 새롭게 알게 됐다. 그래서 기본적인 활력징후를 비롯해 손과 발의 신경손상을 주기적으로 살펴야 한다는 내용을 기안에 담았다. 이를 보고, 각 소 의료과와 보안과 양쪽 모두에서 여러 의견들이 나왔다. 두 시간 간격이 너무 짧지 않은지, 활력징후 측정을 의료진이 사동에 가서 해야 하는지 아니면 교도관이 수용자를 의료과로 데려와야 하는지, 꼭 의료과에서 건강 상태를 확인해야 하는지 아니면 일차적으로 보안과에서 확인하고 문제가 있을 경우만 의료과에서 하면 되는지, 애초에 보호장비 착용을 하고 활력징후가 정상일 수 있는지, 의견이 분분했다.

상세한 부분은 각 소의 상황에 맞춰 다르게 적용하기로 했지만, 원칙은 보호장비 착용 후 두 시간이 되면 활력징후를 점검하고 이상이 있는 경우 의사가 본인의 판단하에 보호장비 해제를 지시한다는 것이다. 어떤 곳에서는 의료과와 보안과가 어느 정도 합의를 이뤄, 보호장비를 한 시간 50분만 채우기로 정했다고 한다. 나쁘지 않은 방법이라 생각한다. 대부분의 난동은 두 시간 정도면 잡히기 마련이며, 만약 이후로도 계속 자해 등의 소란이 이어진다면, 아무런 조치 없이 장시간의 보호장비 착용을 할 것이 아니라, 외진이나 적절한 정신과 진료를 보는 것이 맞다. 보호장비 착용을 최소화하는 것이 새로운 지침의 취지이자 나아가야 할 방향이다.

요즘 법무부 내부망을 보면 보호장비 착용이 너무 까다로워져서 근무에 어려움이 있다는 하소연이 올라온다. 말도 안 된다. 원칙과 인권, 안전과 건강을 모두 지킬 수 있는 방법은 있다. 다만 일정 정도의 수고가 따를 뿐. 이런 일을 하라고 우리가 월급을 받고 있는 것 아닌가.

자술서 쓰던 날

> 용서는 자신에게 줄 수 있는 가장 큰 선물이다. 타인을 위한
> 것이 아니다. Forgiveness is the greatest gift you can give yourself.
> It's not for the other person.
>
> 마야 안젤루Maya Angelou

파란색 수번표를 단 수용자 L은 진료실에 들어오자마자 언
성을 높였다.

　"공보의님보통 '선생님'이라고 부르는데 '공보의님'이라고 하는 것부터
한번 해 보겠다는 뜻이다., 제가 이 약 저한테 안 맞는다고 했죠! 이
거 먹으면 막 열이 올라온다고요. 저를 죽일 작정이세요? 제
약을 주세요!"

　몇 주 전부터 본인이 차입해 온 약을 달라고 요구해 왔
던 수용자. 마약을 투약했거나 거래해서 들어온 마약수들

은 외부에서 향정신성의약품을 받아 오는 경우가 많다. 물질 사용장애, 쉽게 말해, 약물중독은 다른 정신과적 문제를 동반하는 경우가 있기 때문에 외부 의사의 합리적인 소견서와 처방전이 있다면 정신과 약 차입을 허가해 준다. 본인이 나가서 처방받아 올 수 없기 때문에 보통 수용증명서 및 가족관계증명서 등을 가지고 가족이나 지인이 병원에 가서 처방을 받아오는 방식이다. 차입용 처방전을 발급해 주지 않는 병원도 있지만, 여전히 많은 병원에서 환자를 대면 진료하지 않은 채로 대리인에게 약을 처방해 준다.

앞에서 언급했듯, 수용자들은 알약을 가루로 만들어 코로 흡입하는 코킹을 시도하고, 이 행위가 교도관들에게 적발되면 조사와 징벌이 이루어진다. 조사수용 때 수용자들이 머무는 방은 보통의 사동보다 훨씬 열악한 환경이다. 이곳에서 수용자들은 정확히 어떤 경위로 코킹 등의 불법행위를 했는지 밝혀야 한다.

교도소에서 가장 많이 문제가 되는 약 중 하나는 아편에서 유래한 소염진통제 트리돌이다. 미국에서는 가장 낮은 단계4등급로 분류되긴 하지만 마약성 진통제에 포함돼 있고, 우리나라에서는 마약성 진통제로 분류는 안 되어 있지만 바로 아래 단계 정도로 보고 있다. 오남용 가능성 때문에 우리나라에서도 마약성 진통제로 분류해야 한다는 주장이 빈번히 나온다. 사람의 통증이 주관적이라는 점이 일을 어렵게 만든다. 멀쩡하게 걸어다니고, 예전에 다른 소염진통제를 처방받았다는 기록도 없는데, 진료실에만 오면 그렇게들 앓는 소리를 한다. 허리가 아파서 죽겠고, 다리가 아파서 죽겠다고 한다. 객관적 지표들이 아니라고 하는데도, 수용자의 우는소리에 굴복할 수밖에 없을 때가 많다.

영화 〈가버나움〉을 보면 가짜 처방을 받아 에너지 음료로 파는 장면이 나온다. 그때 그 약이 트리돌이다. 특히 서남아시아, 아프리카 지역에서 무드 인핸서[13]로 남용되는 약이다. 의존성 때문에 약물정보 사이트에도 "약물남용 또는 의존성이 있는 환자에게는 엄격한 감독하에 단기간 투여한다"는 주의사항이 명시돼 있다.

이런 내용을 설명했음에도, L은 계속해서 따졌다. 다른 수용자들이 진료를 기다리고 있었기에, 이제 그만 나가라고 했다. L은 "설명하라고!" 언성을 높이며, 들고 온 약 봉투를 내 얼굴에 던졌다. 이 순간의 기분은 복잡했다. 가장 먼저 다

---

[13]   mood enhancer, 기분을 좋게 만들어 주는 물질.

가온 감정은 분노, 그다음은 억울함이었다. 중독 환자에 대한 연민이 먼저였으면 좋았겠지만 아직 그 경지엔 다다르지 못했다.

대법원 판례에 따르면, 상대방이 던진 물건에 맞으면 폭행 피해를 입은 것에 해당한다. L이 한 행위는 진료방해 행위에 해당한다고 볼 수 있었다. 이런 상황에는 보안과의 적절한 개입이 필요하다. 보안과에서 적절하게 컨트롤이 이루어지면 불의의 사태를 사전에 막을 수 있고, 진료도 좀 더 수월해진다. 그런데 이날 진료실에선 안타깝게도 아무런 저지도 없었다.

나는 L에 대한 조사수용을 요청했고, 이에 L은 조사수용이 됐다. 폭행 및 진료방해로 L을 징벌하고 검찰에 송치하는 문제로, 나 또한 조사계에 가서 상황을 진술했다. 검찰에 송치한다는 것은 결국 이 문제를 기소해 달라고 검찰에 요청하는 일이라고 볼 수 있다. 피해자가 문제 삼지 않으면 애초에 검사가 이런 문제를 알 수 없기 때문에 당연히 기소도 되지 않는다.

그날 저녁 마음이 무척 불편했다. 법과 절차에 따라서는 L이 검찰에 송치되고 추가 건으로 벌금이나 형을 사는 게 맞을 수도 있지만, 다음 날 아침까지 내 머릿속은 '용서하자'는 말로 가득했다. L은 자신이 한 행위를 부인하고 자기는 잘못이 없다고 했다. 사무실의 CCTV에 약 봉투를 던지는 모습이 찍히고, 내 바로 옆에서 직원분이 이를 목격했음에도 계속 부인했다.

화가 났지만, 미셸 오바마의 말이 생각났다. "그들이 낮게 갈 때, 우리는 높이 간다.When they go low, we go high." 내가 L과 똑같이 대응할 필요는 없었다. 나에게는 선택의 여지가 있었고, 그래서 좀 더 나은 방법을 택할 수 있었다.

다음 날 음료수를 하나 사서 조사계에 찾아갔다. L이 본인의 잘못을 시인하든 아니든, 내 종교적 신념에 따라 그에게 어떠한 징벌이나 조치가 내려지길 원치 않는다고 말했다. 조사계 직원은 의아해했다. 그냥 원래대로 진행하자고도 했다. 제대로 본때를 보여 줘야 한다며. 하지만 이미 마음을 정한 다음이었다.

아이러니한 점은 이런 경우에도 처벌을 원하지 않는다는 자술서를 써야 한다는 것이다. 자술서라는 명목으로 글을 쓰고 있자니, 내가 잘못한 부분이 없음에도 죄를 지은 기분이었다.

마지막으로 서명까지 하고 나니 경험해 보지 못한 평화가 찾아왔다. 결국은 나 자신을 위해서도 용서가 더 좋은 길이었던 것이다.

CCTV 기록을 근거로 L은 결국 징벌을 받았다.하지만 검찰에 송치되진 않았다. L은 인권위에 진정서를 넣었다.

닥터 프리즈너와는 다릅니다

교정시설 근무가 결정되고 나서, 그리고 교정시설에서 근무하는 동안, 교도소나 구치소가 배경인 드라마와 영화, 만화 등은 최대한 찾아서 봤다. 그중에서도 특히 의료 관련 내용들은 더 열심히 봤는데, 일종의 리뷰 또는 팩트체크 느낌으로 몇 작품에 감상평을 남겨 본다.

1. 한국 드라마 〈닥터 프리즈너〉

〈닥터 프리즈너〉를 보면 교도소의 중심이 의료과인 것 같은 착각이 든다. 실상은 다르다. 교도소는 계호가 주목적인 곳이므로 여러모로 의료과와 보안과는 비교할 바가 아니다.

하지만 의료과에서는 다른 종류의 힘을 쓸 수 있다는 점에 착안한 작품이 〈닥터 프리즈너〉다. 그건 바로 형집행정지! 형집행정지란 일정의 사유가 있을 때 검사의 지휘하에 수형자의 형벌 집행을 정지하는 것으로, 형사소송법은 그 첫 번째 사유로 "형의 집행으로 인하여 현저히 건강을 해하거나 생명을 보전할 수 없을 염려가 있는 때"[14]를 명시하고 있다. 검사가 최종 결정을 내리는 일이긴 하지만, 건강 문제로 형집행정지가 결정되다 보니, 교도소 의사의 의견이 중요하다. 교도소 의료과장이 바로 이 부분에 있어서 힘을 쓸 수 있고, 심지어 일시적으로 형집행정지가 이루어질 만한 건강 상태를 만들 수도 있다는 것이 〈닥터 프리즈너〉의 상상력이다.

이 드라마에 "과장님 보고전을 냈는데 3개월 동안 과장님 진료를 못 봤다"와 같은 대사가 나온다. '진료를 안 봐 준다'는, 수용자들이 정말 자주하는 말이라는 점에서 디테일이 살아 있다. 반대로 실제로 과장님 진료를 3개월 동안 못 보는 경우는 없다는 것, 수용자가 과장님 진료를 신청하면 보통 1~3일 안에 진료를 볼 수 있다는 점에서는 과장된 측면이 있다. 수용자 입장에서 처치가 지연된다고 느낄 만한 상황은 외부 진료나 정신과 진료, 그리고 치과 진료 같은 부분이다.

---

[14]   형사소송법 제471조

특히 외진은 보안과의 계호 인원이 동원되는 터라, 보안과에서 인원이 없다고 하는 경우가 많다. 의료과장이 외부 진료 허가를 내도 실제로 외진을 나가기까지 상당한 시간이 소요된다. 외진 인원을 확충하는 것이 모든 교도소 의무직 교도관들의 소망이라는 말이 있을 정도다.

교정시설은 정신과적 수요가 매우 높은 곳이지만, 정신과 전문의가 상주하는 시설은 보통 전국에 2개 소 정도다. 이를 보완하기 위한 원격진료는 2주에 1회꼴로 이루어지고, 1인당 평균 5분 정도의 시간이 할당된다. 절대 충족될 수 없는 수요다. 하루에 1회, 30~40분간 면담하는 대학병원의 정신과와는 많이 다르다. WHO세계보건기구는 모든 교정시설에 정신과전문의를 확충하도록 권고하고 있지만 정신과 전문의에 대한 경제적 이익이 보장되기 어려운 지금과 같은 시스템에서는 정신과의사의 교도소 상주가 이루어질 가능성은 적어 보인다.

수용자들은 대부분 치아에 문제를 가지고 있다. 치아 위생에 대한 이해도가 낮고, 치과 관리의 경험도 적다. 치아가 여러 개 없거나, 있는 이도 발치해야 하는 상태일 때가 많다. 하지만 교도소 내 시설로는 치과 진료를 보기가 매우 어렵다. 신경치료나 보철이 쉽지 않고, 임플란트는 당연히 꿈도 꿀 수 없다. 충치가 생겨도 최소 3개월 길면 6개월까지도 기다려야 한다. 그러는 동안 교정시설 의사는 진통제 처방만 해 줄 수 있을 뿐이다.

2. 일본 만화 〈여자 교도소 의사, 아키라〉

여자 교도소에서 일하게 된 의사의 이야기를 담은 일본 만화. 의사로서의 고민과 가슴 따뜻해지는 에피소드들을 담고 있다. 읽으면서 수용자들 사연이 다 저렇게 드라마틱한가, 의문이 들었는데, 정말로 그렇다는 걸 일하면서 절실히 느낀다.

여자 교도소와 여자 사동에는 그곳만의 특수한 문제들이 있다. 그중 임신한 수용자의 출산도 있다. 아이가 태어나면 생후 18개월까지 엄마와 함께 있을 수 있기 때문에 교정시설 의사로서는 매우 드물게 소아과 진료를 봐야 하는 경우도 있다. 나도 인천구치소 여사 진료를 할 때 철창 사이로 아이의 얼굴을 본 적이 있다. 아무것도 모르는, 순진무구한 그 얼굴과 그런 아기를 보기 위해 철창 앞에 붙어 서 있던 사동 도우미들의 모습은 오랫동안 잊지 못할 것 같다. 범죄자든 아니든 우리는 누군가의 자녀, 부모, 가족이며 우리 모두 언젠가는 그 순백의 얼굴을 지녔었다. 어릴 적의 기억이 평생 가지 않는 것은 분명 철창 뒤 아이에겐 축복일 것이다. 때로 망각은 단순한 방어기제가 아니라 신의 선물이다.

서울구치소 여사에서 특히 많이 본 사례는 성형수술 부작용이다. 코, 가슴, 턱, 이마까지 성형수술 부작용이 얼마나 다양한지. 성형수술한 수용자들 중에는 마약 문제를 겪는 경우와 다른 정신과적 질환을 동반한 경우가 많다. 단순히 신체 결함을 보완하고 좀 더 아름다워지기 위해서 성형수술을 하는 경우도 있지만, 성형수술을 하게 되기까지 다른 정신적, 사회적 요인들이 분명 작용하고 있다고 생각한다. 이것이 병적인 수준인지 아닌지는 따로 판단할 문제지만.

우리는 외모 평가로 자존감에 생채기를 내는 사회에 살고 있다. 그 속에서 억압받는 사람들이 생긴다. 수용자들 중에는 신체이형장애_{신체추형장애}로 판단되는 사람들도 있다. 신체이형장애란 실제로는 외모에 큰 결점이 없음에도 자신의 외모에 심각한 결점이 있다는 생각에 사로잡히는 질병이다. 이 때문에 성형수술이나 피부과 시술에 중독되기 쉽다.

3. 한국 드라마 〈슬기로운 감빵생활〉

'해롱이' 이규형 배우의 연기가 인상 깊었던 드라마. 드라마를 보며 마약수들은 다 해롱이 같을 줄 알았는데, 순천교도소에서 만난 마약수들은 약 기운이 거의 빠져 있는 상태였다. 이후, 서울구치소에는 확실히 마지막으로 약을 한 지 하루 이틀밖에 되지 않은, 해롱이 같은 사람들이 좀 됐다. 마약을 하고 난 뒤의 충혈된 눈을 이곳에서 처음 봤다. 영어로 bloodshot eyes라고 하는 이 충혈 증상은 일반적으로는 오래 지속되지 않지만, 만성으로 이 증상이 보이는 수용자도 있다.

눈동자는 약물중독 여부를 가장 쉽고 빠르게 알려 주는 신체부위다. 메스암페타민, 코카인, 마리화나는 동공을 확장시킨다. 즉, 눈동자가 풀리는 거다. 반면 펜타닐Fentanyl이나 헤로인 같이 아편계 약물주로 진통제을 과다 사용하면 동공이 수축된다. 마치 뱀의 눈을 보는 듯한 느낌이다. 여러모로 눈은 세상을 보는 창이다.

교도관들과 연예인들이 교도소 수용자 체험을 하는 예능 프로그램이다. 교도관들의 수용자 연기가 일품이었다. 실제 교도소를 배경으로 촬영해서 더욱 리얼했다.

교도소에 수용되어 있는 연쇄살인범을 인터뷰하면서 '사이코패스'라는 개념을 정립해 가는 FBI 요원들의 이야기. 순천교도소와 서울구치소에도 연쇄살인범들이 있기 때문에 굉장히 흥미롭게 봤다. 과연 이들의 정신세계는 일반인들과 다를까?

내가 교도소에서 '정말 사이코패스인가?' 하는 느낌을 받은 건 한두 수용자에 한해서였다. 평소 생활하는 모습만으로는 알기 어렵지만 얘기를 하면 할수록 느낀다. 그리고 그들이 일으킨 사건 개요의 끔찍함은 〈마인드 헌터〉에 나오는 얘기 못지않다.

교도소물의 선배격. 교도소에서 의사로 일한다 말하면 〈프리즌 브레이크〉의 교도소 여의사를 언급하는 사람들이 있다. 현재 우리나라 교정시설에서 일하는 여성 의무관은 두 분 정도인 것으로 안다.

"오뉴블"로 불리는, 실화 기반의 드라마. 재밌긴 정말 재밌다. 중독성이 엄청나다. 넷플릭스에서 항상 상위권 드라마인 이유를 알겠더라. 여자 교도소 이야기인데 확실히 한국과 다르게 인종도, 성적 취향도 다양하다.

트랜스젠더 수용자가 적절한 의료적 지원을 받지 못해 고군분투하는 스토리가 가장 기억에 남는다. 한국 교정시설에도 트랜스젠더를 포함해 성소수자 수용자들이 있다. 사실 교정시설에 와서, 태어나서 가장 많은 성소수자들을 만났다. 이들의 인권 및 건강 문제는 여전히 낯설다. 이곳에서 내가 접하는 성정체성은 예상보다 훨씬 다양하다. 이들과 어떻게 이야기를 나누면 좋은지, 어떤 상담이 가능한지 배울 수 있는 이런 기회가 감사하다. 아마 이곳을 떠나면, 이후로는 경험할 수 없는 부분일 것이다.

형집행정지, 현실에서는 이렇습니다

교도소에 와서 개인적으로 이색적이라고 느꼈던 경험 중 하나는 검사들을 만나는 일이었다. 미디어 속 카리스마 넘치는 검사에 대한 막연한 로망과 환상이 있었다. 그런 탓에 처음 교도소에서 검사를 마주했을 때 상당히 설렜다.

교도소 의사가 검사를 만나는 경우는 크게 두 가지 때문이다. 형집행정지, 그리고 검시.

형집행정지는 수용자가 형을 사는 의미가 없을 정도로 아프고, 교도소 밖에서도 도주나 추가적인 범죄의 가능성이 보이지 않을 때 이루어진다. 수용자 스스로 변호사를 통해 신청하기도 하고, 소에서 의무관이 내부적으로 신청을 올리기도 한다.

형집행정지는 이를 할지 말지도 판단해야 하지만, 그 기간을 얼마로 정할지에 대해서도 검토가 필요하다. 수용자가 사망 직전에 이르렀다고 판단해 형집행정지가 결정되고 정말 이 기간에 수용자가 사망하는 시나리오가, 직업인으로서 내게는 가장 바람직(?)한 경우다. 형집행정지 기간을 지나치게 짧게 잡으면 수용자가 회복되지 않은 몸 그대로 교도소로 들어와야 해서 형집행정지가 무용해진다. 반대로 위중하지 않은데 지나치게 기간을 길게 잡으면 수용자의 수감 기간이 쓸데없이 길어지는 문제가 생기고 사회 안전만 위협할 수 있다.

구치소에서도 구속집행정지가 이루어진다. 서울구치소에 있는 동안은 의료과장님이 주로 집행정지를 처리했다.구속집행정지는 형집행정지에 비하면 훨씬 관대하게 이루어진다. 순천교도소에서는 상주 의사가 나뿐이어서 형집행정지 과정에 밀접하게 관여했다. 순천교도소에 있는 1년간 10건 정도의 형집행정지가 있었고, 다수의 수용자가 형집행정지 기간 중 사망했다. 뇌전이가 있는 말기 소세포폐암 환자였던 S, 심한 뇌경색 후유증과 4기 욕창으로 패혈증이 왔던 Y, 1년 넘게 단순 편도선염인 줄 알았는데 알고 보니 4기 인후두암이었던 K, 헤르페스 바이러스에 의한 뇌염으로 지능저하와 간질이 온 J, 심한 간경화로 배가 가득 불러 있던 H, 정신질환으로 인해 두 달 동안 음식 먹기를 거부해 결국 목숨이 위험한 지경에 이른 M. 여전히 기억 속에 생생한 이들이다.

형집행정지가 이루어지는 것이 적절한지 판단하기 위해 검사는 여러 의문들을 해결해야 하고, 교도소 의사는 여기에 답해야 하는 의무가 있다. 검사들이 교정시설로 또는 병원으로 와서 수용자의 상태를 직접 확인하는 과정을 '임검'이라고 한다. 검사들이 수용자에게 직접 건강 상태를 묻고, 수용자가 대답할 상황이 아닐 경우에는 의사가 옆에서 형집행정지를 해야 하는 이유를 설명한다.

검사들은 혹시라도 생길 문제소지를 최소화하기 위해서 대체로는 형집행정지에 인색한 편이다. 충분히 이해한다. 하지만 교정시설 내 의료설비나 인력이 일정 수준 이상으로 건강이 훼손된 수용자들을 케어하기에 충분치 않다는 점도 분명하다. 교도소 내 호스피스를 논하는 것은 언급 자체로도 사치가 돼 버리는 상황이다. 또한 같이 일하는 교도소 직원들이 해당 수용자의 형집행정지를 절실하게 원하는 때도 많다. 확실히 일이 줄어들기 때문이다. 현실적으로 수용자가 말기암 같은 극심한 고통이 수반되는 병에 걸려 있다면 직원들이 그에게 특별히 해 줄 수 있

3장 사람이 살고 있는 곳

는 일이 없다. 오히려 많은 일을 할 수 있는 사람은 이 수용자들 바로 옆에 있는 간병 수용자일 것이다. 많은 교도소에서 수용자 중 일부 인원을 '간병인'으로 선발한다. 교도소 내 수용자 환자들을 돌보기 위해서다. 간병인은 교도소가 수용자에게 맡기는 자리 중 가장 까다롭게 선발하는 인력 중 하나다. 시설 내 여호와의증인 신도들이 있을 때는 이들이 많이 맡는다. 간병인들은 환자들을 씻기고 약을 먹이는 등 병원에서 간병인이 하는 역할을 거의 다 한다. 약 포장 등 단순노동에도 간병인의 도움을 받을 때가 있다.

형집행정지의 이유를 객관적으로 봐도 타당하다는 수준으로 준비했음에도 검사의 눈을 보면 나한테 뭐라 하는 게 아닌데도 피의자가 된 것처럼 땀이 삐질삐질 흐른다. 뇌 수술을 하고 아직 의식이 없는 수용자의 상태를 보더니, 검사가 물었다.

"교도소에 있으면 항암 방사선치료를 다닐 수 없나요?"

"이론적으로 불가능한 건 아니겠지만, 항암 방사선치료가 12회에 달하는데 순천에서 한 시간 거리인 이곳까지 왔다 갔다 하는 것이 쉽지 않습니다. 그리고 방사선치료를 받으면, 이후 몸이 전반적으로 약해져 영양, 면역 등 관리가 필요하다는 점이 교도소에서는 어려운 이유입니다."

"이 뇌종양의 예후는 어떻죠?"

이미 수술도 했는데, 충분히 오래 살 수 있지 않냐는 뉘앙스가 담긴 질문이다.

"이 뇌종양은 4기로 분류되는 악성 뇌종양이고, 크기도 컸습니다. 현재까지 알려진 바에 따르면 이 경우 생존기간이 평균 1년 정도밖에 되지 않습니다. 수술로 일부를 제거하긴 했지만, 전부 제거된 것도 아닌 상태이기 때문에 예후는 그리 좋지 않을 거라 생각합니다."

검사마다 형집행정지를 결정하는 특정 기준이 있어 보이진 않았다. '정말 죽을 정도가 돼야 해 준다는 게 원칙 아닌가' 생각했다. 형집행정지는 응급상황이 아니라면 최종적으로 학계, 법조계, 의료계, 시민단체 인사가 포함된 '형집행정지 심의위원회'에서 결정하게 된다.

순천에서 1년 동안 총 네 명의 검사를 만났다. 두 명은 남성, 두 명은 여성이었다. 그들은 저마다 스타일이 달랐지만 공통점도 있었는데, 영화에서 흔히 봤던 카리스마 있는 캐릭터라기보다 젠틀한 캐릭터였다는 점이다.

네 명의 다른 검사를 만나는 동안 그들과 동행하는 수사관은 한 분이었다. 첫인상은 날카로웠지만, 만날수록 정이

들어 곧잘 사적인 이야기도 나누곤 했던 수사관님이 언젠가 말했다.

"부모님이 병원에 계셔도 이렇게 자주 못 찾아뵙는데."

그분들의 노고에 감사드린다.

왜 거기에 집착하는가

"방에 좆문가 형이 있는데, 성기에 안 넣어 본 게 없더라고요."

"가만히 놔두면 자연스럽게 아문다 그러나요?"

"네. 염증 생겨서 벌어졌다가도 살 차오르면서 흉터는 지긴 하지만 아물긴 아문다고……."

성기에 넣은 후시딘 때문에 궤양이 생겨서 온 젊은 수용자. 드레싱을 해 주고 있긴 하지만 아무래도 피부가 안 닿을 것 같아서 걱정이다. 꿰매 보기도 했지만, 피부는 안 붙고 실밥만 풀려 버렸다. 이럴 땐 아무리 의학지식이 풍부한 의사라 하더라도 유경험자만 못하다. '좆문가'를 믿고 기다리는 수밖에.

바깥 사회와 비교했을 때 교정시설에서 유독 많이 보는 질환 중 하나는 '성기 이물질 삽입으로 인한 부작용'이라 하겠다. 성기 이물질 삽입의 목적은 단연 성기 확대다. 비뇨기과에서 성기 확대 수술이나 발기부전 수술을 받는 건 이해하지만, 바셀린 같은 피부 연고를 직접 성기에 주입하는 방식의 시술은 정말 곤란하다.

　수용자들 사이에는 각종 전문가들이 있다. 성기 확대 분야도 예외가 없다. 이른바 '좆문가'는 바셀린이나 후시딘, 마데카솔, 겐타마이신 같은 연고를 이용해 시술을 한다. 한 번에 연고 대여섯 개를 넣는다고 한다. 이런 일이 왕왕 벌어진다는 걸 알게 된 이후로는 연고 처방도 조심스럽다. 남성 수용자에게 바셀린을 아예 처방하지 않는 시설도 있다고 한다. 주입 기구는 젓가락이나 칫솔을 활용해 만든다고 들었다.

　바셀린 제거를 위해 자료를 찾아봤다.

　"음경에 바셀린을 주입하면 음경이 즉시 굵어지는 효과가 나타나지만 시간이 지날수록 음경 조직 안에서 바셀린이 주변 부위로 퍼지고 굳어지며 피부 변색과 동시에 음경이 기형적 모양으로 변하면서 통증과 염증을 동반하는 고통이 뒤따르기도 한다. 바셀린 제거술은 주입량, 주입 시기, 현 상태 등에 따라 수술 및 치료 기간, 제거 비용이 다른데 주입량이 적

은 경우에는 바셀린 제거와 동시에 음경 확대가 가능하지만,
상태가 심각한 경우에는 음경의 피부가 모자라 완전 제거가
힘들고 음낭피판술과 같은 피부이식이 필요할 수도 있다."

한국의료분쟁조정중재원

이물질을 모두 제거하는 것이 원칙이지만, 관련 수술은 성기
피부를 전부 드러내거나 다른 부위 피부로 교체해야 될 수
도 있는 큰 수술이라 교정시설 내부에서는 불가능하다. 그리
고 수술 자체가 비보험 수술로 상당히 고가이기 때문에, 막
상 이물질 제거를 위해 수술까지 원하는 수용자는 많이 없
다. 하지만 염증이 패혈증을 유발할 수 있고 이로 인해 사망
에 이를 수도 있다고 하니 예사롭게 생각할 질환은 아니다.

설사 염증이 생기지 않는다 하더라도, 성기 이물질 삽입
은 발기부전이나 성관계 상대방의 질 외상 등 문제를 일으킬
수 있다. 아예 성관계가 불가능해질 수도 있다고 한다. 성병을
비롯한 세균, 바이러스 질환에 더 취약해질 가능성도 있다.

한번은 이물질 삽입으로 인한 성기 염증으로 드레싱을
하러 온 60대 수용자에게 물었다. "이걸 왜 넣으셨어요?" 그
랬더니 "그러게요. 젊은 나이에 철이 없었는지" 하고 답이 돌

아왔다. 수용 기록을 뒤져 보지는 않았지만 분명 젊은 나이에도 교도소에 한 번 이상 들어왔던 수용자일 것이다. 어릴 때 징역을 살면서 바셀린을 넣었을 테고, 이후로 계속 문제가 있었을 것이다. 지금은 그 상태가 더 심각해진 것일 테지.

성기 이물질 삽입에 대한 체계적 연구는 없다고 봐도 무방하다. 하지만 이것이 우리나라만의 문제는 아니라는 사실을, 여러 보고서에서 확인할 수 있다. 표본 수가 적긴 하지만, 아시아인과 슬라브족에게서, 그리고 선원, 수용자, 마약중독자, 군인 집단, 사회경제적 지위가 낮은 집단에게서 흔하다는 과거 연구들이 존재한다.

이 행위의 기원을 전통문화에서 찾는 인류학자들도 있다. 오래전부터 아시아나 오스트레일리아의 원주민들 사이에서 음경 피부 밑에 종, 구슬, 돌 등을 넣는 문화가 있었다는 것이다. 이렇게 성기 보형물을 넣는 이유로 남성성 과시를 통한 성적 자신감 획득, 특정 집단의 소속감 표출, 가학적 성행위, 또래집단의 압력이나 호기심을 꼽는다.

이 행위가 일종의 교정시설 문화로 자리 잡은 이유로 18세기 일본 야쿠자 문화가 거론되기도 한다. 야쿠자들 사이에서 성기 이물질 삽입은 일종의 조직에 대한 충성의 표시였다고. 일본의 한 구치소에서 조사한 결과, 약 22퍼센트130명 중 28명가 성기 이물질 삽입을 했고, 이들은 대부분은 야쿠자였다고 한다.

이 문제로 진료실을 찾는 수용자들을 두 달에 한 번꼴로 만나다 보니, 의료진과 수용자 모두에게 적절한 예방교육과 치료적 조치가 필요하다는 생각을 자주 한다. 수용자들은 물론이고, 출소 이후 그들과 성관계를 맺을 상대방까지 건강상 위험에 처할 수 있으니 말이다.

이물질 제거술에 관한 논문들을 검토하다가 흥미로운 사실을 하나 발견했다. 2019년 발표된 한 비뇨의학 논문에 따르면, 1956년에서 2017년까지 전 세계에서 논문으로 발표된 성기 이물질 제거 수술 사례는 124건으로, 이를 나라별로 나누면 한국은 39명으로 당당하게(?) 가장 수술을 많이 받은 나라 1위에 올라 있다.

피해자가 되다

2019년 6월에 일어난 일이다. 활자로 옮기는 것조차 고통스러운 경험을 했다.

점심시간, 구치소 헬스장에서 운동을 마치고 허겁지겁 다시 일을 하러 들어갔다. 전화가 와서 받으니 수사관이라고 했다. 내 명의로 대포통장이 만들어졌다고 했고, 내가 이 사기범죄에 연루되지 않았다는 것을 증명하는 과정이 필요하다고 했다. 내 이름이 사기에 도용되었고, 그것 때문에 26건의 사건이 접수되었다고. 내가 피해자라는 것을 입증하기 위해선 내 계좌의 돈을 금융감독원 직원의 차명계좌로 옮겨서 거래 내용을 추적해야 한다고. 적극적으로 이 상황을 해결하고 싶었던 나는 그렇게 지난 3년간 모은 돈을 송금했다.

결혼을 포함하여 인생의 중요한 일들을 위해 아끼고 아껴서 모은 돈이었다. 공금까지 날아가서 그것까지 메워야 했다. 그 모든 것이 불과 두 시간여 만에 허공으로 사라졌다. 전형적인 보이스피싱 수법임을 깨달은 것은 돈을 송금하고 꽤나 시간이 지나서였다.

태어나서 처음으로[최소한 어른이 되고 나서 처음으로] 바닥에 주저앉아 울었다. 구치소를 차마 못 벗어난 채로, 입에선 끄억끄억 소리가 터져나왔다. 경찰서에 가서 필요한 절차를 밟고 나서 경찰서 앞마당에 앉아서 또 울었다. 이 글을 쓰는 지금 이 순간에도 그때 일을 생각하면 눈물이 난다.

며칠간은 정상적인 생활이 되지 않았다. 보이스피싱 범죄 피해자가 구치소에서 보이스피싱 범죄 피의자들을 진료하고 치료해 주고 있는 이 아이러니한 상황이 못 견디게 괴로웠다. 우울하고, 세상이 끝난 것과 같은 기분이 주기적으로 찾아왔다. 범죄 피해자가 되는 기분이 이런 거구나를 뼈저리게 느꼈다. 매일같이 마음속으로 피눈물을 흘렸다. 사건 개요를 열어 봐서 보이스피싱이면 불친절해지는 나를 발견하기도 했다.

경찰에서 못 잡는 범죄자들을 내 손으로 잡을 순 없을까 하는 생각에, 보이스피싱 과정에서 내 메일로 검찰청 문서를 보낸 사람의 IP를 추적해 보기도 했다. 발신처는 대만으로 되어 있었다. 나중에 알게 된 사실이지만 보이스피싱은 대만에서 시작됐다고 한다. 2004년경 대만에서 보이스피싱이 극성이었는데, 단속이 심해지면서 본거지를 한국으로 옮겨 온 경우가 많다고.

시간이 좀 더 지나고 안정을 되찾자, 결국 나에게 더 간절한 것은 나와 같이 피눈물 흘리는 사람이 생기지 않도록 하는 데 있다는 생각이 들었다. 예를 들어, 보이스피싱 범죄로 교정시설에 들어오는 탈북민이나 조선족이 많다. 탈북민들에 대한 생활 지원이 좀 더 이루어졌다면 어땠을까. 한 실태조사에 따르면, 북한 이탈 주민들이 가장 우선으로 받고 싶은 지원은 의료 지원39.9퍼센트과 경제적 지원37.8퍼센트이다. 국회 외교통일위원회 안민석 의원이 통일부로부터 제출받은 '북한 이탈 주민 수감자 현황'에 따르면 최근 5년간 범죄를 저질러 교도소에 수감된 북한 이탈 주민은 총 693명으로 이 중 마약 관련이 233건으로 33.6퍼센트를 차지해 가장 많았고, 사기 및 횡령이 77건으로 11퍼센트였다. 특히 코로나19 장기화 여파로 많은 사람들이 심각한 생활고를 겪는 요즘, 탈북민들이 범죄에 노출될 가능성은 더욱 커졌을 것으로 짐작된다. 이런 부분을 예측해 범죄를 최소화하는 방법을 찾아야 할 필요성도 있지 않을까.

분노를 한 움큼 집어삼키고 의사로서 내가 할 수 있는 일에 집중해 보면, 답은 하나다. 범죄자가 범죄를 저지르지 않고 '건강하게' 사회의 일원이 되도록 돕는 것. 건강한 사회가 자체적으로 범죄 예방 효과를 가질 수 있도록 일하는 것.

4장 맨 얼굴의 우리들

"그건 이미 오래전에 어느 의사가 저에게 해 준 얘기와 꼭 같군요. 비록 농담이긴 했지만 서글픈 농담이었지요. 인류 전체를 더 많이 사랑하면 할수록, 개별적인 사람들, 즉 사람들 개개인은 점점 덜 사랑하게 된다고 말입니다. 몽상 속에서는 인류에 대한 열정적인 봉사를 생각하기에 이르고 갑자기 어떤 식으로든 요구가 있을 시엔 어쩌면 정말로 사람들을 위해 십자가 행도 마다하지 않을 각오를 하게 되는 일이 드물지 않지만, 정작 고작 이틀도 누구와 한 방에서 지낼 수 없다……. 개별적인 사람들을 더 많이 증오하게 될수록 언제나 인류 전체에 대한 그 사랑은 더욱 더 불타오르게 된다고 말했습니다."

표도르 도스토옙스키, 《카라마조프가의 형제들》에서

겨울이 되면 찾아오는 손님들

언뜻 보면 모두 잘 먹고 잘사는 것 같다. 주식으로, 사업으로, 빛나는 인생들만 보인다. 서울 어딜 가나 병의원이 깔려 있고, 의료접근성 문제는 딴 나라 얘기만 같다. 하지만 바로 서울의 지하철역에만 가도 종이 박스를 집 삼아 사는 사람들이 있다.

이들의 건강은 대개 노숙인을 위한 무료 진료소에서 관리하지만, 겨울이 되면 얘기가 달라진다. 이들은 지붕 있는 곳을 찾아, 공짜로 재워 주고 밥도 주고 씻을 수도 있고 운동도 시켜 주는 곳을 찾아, 구치소로 들어온다. 일부러 작은 물건이라도 훔쳐서 들어온다고 한다. 그렇게 입소한 노숙인들은 노역수형자로 복역하게 된다.

노숙인들의 건강 상태에는 공통적인 특징이 있다. 가장 먼저 드러나는 부분은 술을 많이 마시는 생활과 관련 있다. 하루에 소주 세 병에서 다섯 병 정도를 마신다는 노숙인이 흔하다. 교도소 신입 입소 때 검사를 해 보면 노숙인은 간수치가 안 좋은 경우가 빈번하다. 눈에 노랗게 황달까지 온 사람은 구치소에 들어와 술을 못 먹으면서 금단증상에 시달린다. 알코올 금단증상 중 진전섬망은 목숨을 위협할 정도로 위험할 수 있어서, 혹시 진전섬망이 올 것 같은 노역수형자가 있으면 보안과에 특별히 주의를 기울여 달라고 부탁하고 **퇴근한다.** 알코올 금단증상의 최후 대책은 술을 한 잔 주거나 에탄올을 주사해 주는 것이다. 경험 많은 교도관이라면 대부분 이 비법을 알고 계신다.

술을 먹고 잡혀 오는 과정에서 다치는 경우도 많다. 다리에 7센티미터 이상 깊숙이 열상을 입었는데도, 어떻게 다쳤는지 기억도 없고 아픈지도 모르는 노숙인도 있었다.

술 외에, 실제 진료실에서 경험한 노숙인의 건강 문제는 크게 세 가지다. 결핵, 무좀, 정신질환. 결핵을 앓고 있거나 앓은 경우가 굉장히 많다. 제대로 치료를 못 받아 폐 한쪽이 완전히 망가진 경우도 꽤 있다. 발톱무좀은 좋지 않은 위생 상태 때문에 생긴다.

2016년에 보건복지부에서 처음으로 시행한 노숙인의 건강 실태조사 결과는 내가 교정시설에서 목격한 바와 어느 정도 일치한다. 유병률은 고혈압, 당뇨병, 고지혈증 등 대사성질환이 36퍼센트, 치아질환 30퍼센트, 정신질환 29퍼센트에 달했다. 응답자 40퍼센트는 술을 마시고, 이 중 29퍼센트는 주 2~3회, 19퍼센트는 4회 이상 음주를 한다고 답했다. 음주 빈도와 음주량을 따졌을 때 '문제성 음주자'로 분류되는 노숙인은 전체의 70퍼센트에 달했다. 특히 거리 노숙인은 술과 담배에 의존성이 강해 수입의 39퍼센트를 술, 담배 구입에 쓰고 있었다. 우울증 판정이 나온 노숙인은 전체의 52퍼센트로 절반을 넘었다. 이 가운데 거리 노숙인과 쪽방 노숙인의 우울증 비율은 69퍼센트, 83퍼센트로 의학적 개입이 절실했다.

노숙을 시작하게 된 이유는 질병 및 장애가 25.6퍼센트, 이혼 및 가족 해체 15.3퍼센트, 실직 13.9퍼센트, 알코올중독 8.1퍼센트 순이다. 네 명 중 한 명은 아파서 노숙을 시작하게 되었다니, 우리가 흔히 '공공의료'라고 하는 부분이 제대로 작동하고 있는지 의심스러울 정도다. 치료를 받아야 하는 알코올중독도 거의 10퍼센트다. 이런데도 여전히 공중보건의사가 봉직의사를 고용할 수 있는 보건소에 있어야 하는 걸까? 하루에 환자 다섯 명을 볼까 말까 하고, 바로 옆에 의원도 있는 지방의 읍면동에 기계적으로 배치되어야 할까?

　　노숙인들이 겨울마다 구치소에 들어오는 현실은 언제까지 계속될까? 노숙인에 대한 의학적 개입은 지금 이대로 괜찮은 건가. 괜찮지 않다는 게 무엇보다 명백하지 않나. 뻔한 답을 두고도 아무것도 이루어지지 않는 현실이 답답하기만 하다.

도둑놈들한테 잘해 줄 필요 있나요?

처벌에는 어떠한 영예도 없다. There is no glory in punishing.

미셸 푸코 Michel Foucault

교도관들은 그들만의 은어로 수용자들을 '도둑놈'이라 부른다. 처음에는 절도범도 아닌데, 왜 도둑놈이라고 부르는지 의아했다. 나중에 이유를 물어보니 피해자로부터 무엇인가 소중한 것생명, 돈 등을 '훔친' 사람들이기 때문에 도둑놈이라고 부른다고 했다.

    교도소에서 교도관들과 가장 많이 나누는 대화의 주제는 수용자들을 어떻게 대해야 하는지다. 수용자들에게 잘해 주면 잘해 줄수록 오히려 그 호의를 이용당하는 경우가 너무 많다는 결론이다. 많이 쓰는 표현으로 '데인 경험'들이 몇 번 있는 교도관들은 수용자들을 사람 취급하면 안 된다고들 한다.

의료과에 근무하는 나는 고민이 더 극심하다. 의료과는 기본적으로 수용자들을 '사람 취급', '환자 취급' 해야만 하는 곳이기 때문이다. 교정시설에 있는 동안은 지은 죄에 대해서 철저하게 처벌받아야 한다는 응보주의적 관점에서 보면, 수용자에게 정말 최소한의 의료서비스만 제공되어야 한다. 아니, 아예 의료서비스를 제공하지 않는 것이 응보주의적 관점이랄 수도 있겠다. 하지만 그렇게 한다고 과연 피해자의 억울함이 풀리고, 우리 사회가 보다 나은 곳이 되는 걸까?

적어도 이론적으로는 그렇지 않다는 것이 정설이다. 1975년에 출간된 미셸 푸코의 《감시와 처벌》은 여러 가지 참고문헌을 제시하며, 응보주의가 지배하는 감옥이 결국은 재범률을 높이고, 수용자들을 교정교화하는 데 실패한다는 내용을 담고 있다.

현재 우리나라를 비롯해 많은 나라에서 교정교화의 목표를 '수용자의 재사회화'에 두고 있다. 이에 따라 의료서비스도 재사회화 형사사법의 관점을 견지하고 있다. 다시 말해 '아프면 치료해 준다'가 기본 방침이다. 하지만 교정시설에서 일하다 보면 수용자들의 범죄를 단순히 수용자들 개인의 문제로 판단하고 이들을 일종의 치료 대상으로만 보는 시각에 한계가 있음을 깨닫게 된다.

우리나라의 노인 범죄자들은 경범죄와 재범 비율이 높다. 2017년 대검찰청 연구용역보고서 〈노인 관련 범죄 예방, 단속 및 형사처벌 등에 관한 연구〉에 따르면, 전과가 있는 노인 범죄자의 비율이 노인 범죄자의 80퍼센트 이상으로, 타 연령대의 전과자 비율청소년 범죄자의 경우 40퍼센트대에 비해 높다. 그중에서도 9범 이상의 전과자 비율이 높다.

같은 자료에 따르면, 노인범죄의 주요 원인은 퇴직 등으로 인한 경제적 문제다. 수입원이 사라지고 연금이나 저축에만 의존해서 생활해야 하는 구조 아래 대체 수입원 없이 자녀에게 전적으로 의존해야 하는 상황이 가족 간의 갈등, 범죄 욕구로 이어진다. 그들은 먹고살 방편이 없어, 그냥 조금씩 절도를 한다. 교정시설에 수감된다고 한들 이 문제가 해결될까? 밖에 나가 이전과 같은 상황이 반복되면, 애썼던 일들이 허물어진다. 결국 이들에게는 적절한 일거리와 잠잘 곳을 마련할 방편이 있어야 하고, 이는 지역사회의 인식 개선과 도움을 필요로 한다.

일본에서는 2014년부터 범죄나 비행을 저지른 사람을 사회의 구성원으로 다시 받아들일 수 있는 사회 구축을 위한 다양한 방안들을 시도하고 있다. 그중 하나가 경찰, 검찰, 교정, 보호 등 형사사법 각 단계에 복지관과 의료기관이 참여해 법무성 조정하에 범죄를 저지른 고령자에게 적절한 지원을 제공하는 것이다. 이런 과정은 재범을 예방하고 노인 범죄자가 지역사회로 어렵지 않게 복귀할 수 있도록 돕는다.

이런 일련의 과정에는 '회복적 교정'의 개념이 있다. 교정시설뿐만 아니라 지역공동체의 역할이 필요하다는 개념이다.[15] 좀 더 구체적으로 감염병의 경우, 지역사회 보건소, 질병관리본부와의 밀접한 연계를 바탕으로 출소 이전 수용자 인구에 대한 공중보건학적 개입이 필요하다. 감염병 환자인 수용자를 제대로 치료하지 않은 채 지역사회로 돌려보내는 것은, 다른 지역사회 구성원을 감염병에 노출시키는 중대한 위험요소를 제공한다. 예를 들면 결핵약을 복용하고 있거나 만성간염이 있는 수용자를 대상으로 지역사회 보건소에서 출소 전 교육을 한다면, 이는 한 가지 좋은 대안이 될 수 있다.

---

[15] 나는 회복적 교정을 실현하는 데 있어서 보건의료의 역할이 중요하다고 생각한다. 관련해 2018년 〈회복적 교정의 이상과 현실〉(《대한공공의학회지》, 2018)이라는 논문을 쓴 적이 있다.

정신과의사들 다수는 분리segregation가 심각한 정신질환을 가진 수용자의 치료에 도움이 되지 않을 뿐 아니라, 심지어 해롭다고 말한다. 즉, 정신질환자의 분리가 아닌 지역사회와의 통합이 수용자 정신건강 정책의 핵심이자, 공중보건 정신건강 시스템의 공통된 개념이다. 피해자는 물론이고, 가해자의 가족에게 적절한 정신심리학적 지원이 있어야 하고, 나아가 관련된 모든 이들에게 정신심리학적 교육이 이루어져야 한다는 접근 역시 회복적 교정의 관점이다. 회복적 교정의 관점에서 범죄란 단순히 법을 어기는 것을 넘어, 사람에게 해를 입히고, 공동체와 인간관계를 다치게 하는 것으로 정의할 수 있다.

"잘못했으니까 감옥에서 썩어!"라고 말하는 수준을 넘어서 우리 사회가 수용자들을 결국 '우리 중 한 명으로 돌아올 사람'으로 바라볼 수 있어야 한다. 수용자가 출소 이후 재범을 저지를 경우 그 때문에 발생하는 사회적 비용은 회복적 교정을 위한 사회적 비용보다 더 크다.[16]

그동안 범죄자들을 왜 우리가 내는 세금으로 치료해 주

---

[16]   Newton, et al., Economic and Social Costs of Reoffending: Analytical Report, *Ministry of Justice*, 2019.

어야 하냐는 질문을 정말 자주 들었다. 인터넷 댓글창에도 같은 질문들이 넘쳐난다. 예를 하나 들어 보자. 교도소 내에서 왜 수용자의 간염을 치료해 주냐고 물을 수 있다. 그러나 이들을 치료하지 않으면 이들이 사회로 돌아갔을 때 일어날 수 있는 간염 전파는 누구의 손해로 이어질까? 결국 사회가 치러야 할 비용이 불어나게 된다. 이해가 쉽게 감염병을 예로 들었지만, 감염병이 아니더라도 개인의 건강 문제는 타인의 건강, 사회 전반의 건강과 필연적으로 연결돼 있다. 경제적인 측면, 사회적인 측면, 교정학적인 측면에서 지금까지의 연구들은 응보주의적 관점의 한계를 분명히 보여 준다.

가장 응보주의적 관점에 사로잡히기 쉬운 사람들은 아마도 교정시설에서 일하는 사람들일 것이다. 바뀌지 않는 수용자들을 보면 나도 모르게 응보주의적 감정이 스멀스멀 올라온다. 이론은 이해가 되지만 현실 세계에 적용하기란 어렵다는 걸 이곳 교정시설에서 일하는 사람들이 가장 잘 안다. 그래서 노력이 필요한 것 아닐까. 걸어가야 할 방향은 너무도 확실하니까.

숨겨진 형벌이 존재하지 않도록

교정시설에서 내가 만나는 고혈압, 당뇨병 환자들은 생각보다 젊다. 법무부 교정통계는 각 질환별 나이 분포를 보여 주지 않아서 정확한 데이터는 알 수 없지만, 일반적으로 고혈압, 당뇨병이 노화와 함께 진행되는 질병으로 널리 알려져 있음을 고려하면 확실히 교정시설에 젊은 환자들이 많다. 미국의 교정시설 중 일부는 고령 수용자의 기준 연령을 65세가 아니라 55세로 잡는다고 한다. 이것이 의미하는 바는 뭘까.

네이딘 버크 해리스의 책 《불행은 어떻게 질병으로 이어지는가》를 읽으면서 그 힌트를 얻을 수 있었다.

사람들은 아동기의 트라우마가 폭음, 나쁜 식습관, 흡연 등 성인기의 건강을 해치는 위험한 행동과 연관이 있다는 사실을 직관적으로 이해한다. 그러나 생애 초기의 부정적 경험이 심장병이나 암처럼 목숨을 앗아 가는 병들과도 관계가 있다는 점에 대해서는 대부분 깨닫지 못한다.

네이딘 버크 해리스, 《불행은 어떻게 질병으로 이어지는가》에서

이 책에 따르면, 아동기에 부정적 경험을 많이 겪은 사람들은 그렇지 않은 사람과 비교해 과체중 또는 비만일 가능성이 두 배, 학습 및 행동 문제 진단을 받을 가능성이 32.6배로 높다. 그리고 폐암에 걸릴 가능성은 세 배, 허혈성 심장질환에 걸릴 확률은 3.5배 높아진다.

아동기에 겪는 부정적 경험 중 하나는 부모의 수감 생활일 것이다. 안정적인 가족생활을 영위할 기회를 빼앗기면 수용자뿐만 아니라 그 가족의 삶도 황폐해진다. 형사사법 체계가 공중보건을 오히려 악화하고 사회적 불의를 고착시키는 요인이 되지 않기 위해서는 수감자들의 자녀에 좀 더 주의를 기울여야 한다. 이들이 단지 범죄자의 자녀라는 이유만으로 고통받지 않도록, 이들이 숨겨진 형벌hidden sentence이라고도 불리는 고통을 감내하지 않도록. 이를 위해서는 정책적 지원이 필요하다.

다행히, 본격적인 논의는 시작되었다. 2020년 국회 입법조사처에서는 〈수용자 가족 자녀 지원을 위한 입법 정책 과제〉라는 보고서를 냈다. 이 보고서에 따르면, 2018년 무기명 조사에서 수용자 자녀 수는 2만 1,765명으로 집계되었다. 2020년 기명 조사를 했을 땐 1만 353명으로 집계되었다. 두 숫자의 괴리에서 수용자 가족에 관한 세심한 조사가 필요함을 확인할 수 있다. 이 보고서는 지원 대상자를 정확히 파악해야 적절한 복지서비스가 가능하다는 점을 강조한다. 정례적인 실태조사를 법률에 명시한다면 필요와 수요를 더 정확하게 파악할 수 있다.

수용자 가족이 해체되지 않고 수용자와 가족 간 관계가 지속되면 재범률이 감소하고, 출소 후 안정적 정착을 포함한 성공적 사회복귀rehabilitation 등 긍정적 효과가 발생한다는 사실은 이미 알려져 있다.[17] 재범률 하향은 단순하게 생각하면 그만큼 우리 사회가 안전해진다는 의미고, 재범으로 인한 사

---

[17] Farmer, Lord, The Importance of Strengthening Prisoners' Family Ties to Prevent Reoffending and Reduce Intergenerational Crime, *Ministry of Justice*, 2018, p. 20.

회적 비용 또한 줄어들 수 있다는 의미다. 영국에서 추산한 재범의 사회경제적 비용은 연간 한화 약 27조 1천억 원에 달한다.[18]

수용자 가족을 지원하는 문제는 아동의 권리 보장 측면에서도 중요하다. 유엔아동권리협약은 아동의 복리를 해치는 경우를 제외하고 국가는 부모로부터 분리된 아동이 부모와의 개인적 관계 맺기와 정기적인 직접적 면접 교섭에 대한 권리가 있음을 존중해야 한다고 명시하고 있다. 유감스럽게도, 유엔아동권리위원회는 2019년 우리나라 정부에 수용자 자녀에 대한 보호 정책 도입 및 부모 접견권 보장을 권고했다. 특히, 한부모 가정에서 자라고 있는 아동청소년 중 부모의 수감으로 홀로 남게 되는 사례, 자녀가 가정위탁되거나 양육시설로 보내졌을 때 부모와의 면회가 제대로 이루어지지 않는 사례가 다수 있었다. 개선이 필요한 부분이다.

법무부는 수용자가 가족과 유대관계를 회복하고 유지할 수 있도록 '가족 만남의 집', '가족사랑 캠프' 등 가족 접견 프로

---

[18]   Newton, et al., Economic and Social Costs of Reoffending: Analytical Report, *Ministry of Justice*, 2019, p. 10.

그램을 운영하고 있다. 자녀가 6세 미만인 여성 수용자 중 희망자를 선발해 동화책을 낭독하고 그 목소리를 자녀에게 전달하는 '엄마의 목소리' 프로그램도 진행하고 있다. 이런 여러 노력들이 현실적인 도움이 되었으면 좋겠다.

서울구치소는 접견 대기실에 매점이 있다. 종종 매점에서 수용자들의 가족과 마주친다. 어느 수용자를 찾아왔는지까지는 알 수 없지만 아빠나 엄마를 만나러 온 어린아이들의 표정은 마냥 해맑다. 접견 대기실 앞마당엔 아이들을 위한 놀이기구도 있는데, 여느 놀이터처럼 뛰어다니는 아이들로 북적인다. 그 아이들에게 지금의 이 시기가 악몽으로 남지 않기를, 아이들을 비추던 밝은 햇살에 빌어 본다.

새로운 시도들

순천교도소와 서울구치소에서 근무하며, 조금이라도 멀리 시선을 두면 감당 못 할 쓰나미가 덮쳐 올 것 같은 기분에 자주 사로잡혔다. 내 앞에 앉은 수용자의 상처는 당장이라도 해결할 수 있지만, 지금의 이 진료가 임시 조치로만 기능하는 것 아닐까 하는 답답함이 많았다. 그저 지금 당장만 괜찮을 조치만 해 주고 있다는 기분을 떨쳐 버리기 어려웠다.

수용자들이 출소 이후에 지금보다 건강하게 지낼 수 있도록 하려면, 나는 지금 무엇을 어떻게 해야 하는 걸까? 스스로를 해하거나고 범죄와도 연결되는 신체적 정신적 습관들에서 조금이라도 벗어날 수 있게 하려면? 그런 질문에 스스로 시달리다 보면 뭐라도 하게 돼 있다. 다음은 근무 기간 동안 내가 시도했던 몸부림들이다.

하루에도 몇 번씩 부딪히는 약 문제. 순천교도소 1,500명의 수용자 중 1천 명에 달하는 수용자들이 어떤 종류든 약을 먹고 있다. 무료한 수용 생활 중에 마치 사탕 먹듯이 약을 먹는 수용자들이 정말 많다. 그래서 감기약처럼 약이 병을 치료해 주는 것이 아니라 증상완화만 도울 경우, 장기 복용이 필요하지 않다는 점을 방마다 돌아다니면서 교육했다. 나 또한 어디에서도 교육받은 적이 없는 내용을 나름대로 정리해 수용자들에게 알려 주었다. 효과는 있었다. 단기 약 처방에 불만을 갖는 수용자가 상당수 줄었다.

허리 통증과 목 통증을 호소하는 수용자에게는 서울대학교 정선근 교수의 책 《백년 허리》, 《백년 목》에 나온 운동법을 복사해 나눠 주었다. 허리 통증과 목 통증은 약으로 조절할 필요도 있지만, 무엇보다 그 주변을 지탱해 주는 근육을 키우는 운동이 중요하다고 다시 한번 강조하며.

약은 한 달씩 장기 처방하기보단 가능하면 5일씩 끊어서 지급한다. 남용을 막기 위함이다. 그 후에 수용자가 다시 약 처방을 원하면 재진료를 한다. 똑같은 약을 그대로 원할 경우에는 투약 신청만 해도 진료 없이 약을 지급받을 수 있도록 했지만 가능한 한 대면 진료를 통해 수용자의 상태가 호전되었는지 확인하고 약을 계속 줄지 말지를 결정했다.

B형간염 백신 접종 추진

사실, 아직 접종을 못 했다. 수요조사까지 다 끝났는데 백신 회사 측에서 물량 확보가 안 됐다고 연락이 왔다. 백신 접종을 추진하면서 가장 신경 썼던 부분은 다름 아니라 함께 일하는 교도관들의 의지였다. 아니나 다를까, 순천교도소에서 B형간염 백신을 맞춘다고 하니까 아직 맞춘 것도 아닌데 다른 교도소에서 협박 아닌 협박 전화가 왔다. 왜 귀찮은 일을 만드냐고. 하지만 해야 하는 건 해야 한다. 안 그래도 마약 등의 문제로 B형간염에 취약한 이들이 사회에 돌아가서 보균자 역할을 하는 일이 없기를 간절히 희망한다.

B형간염 예방접종은 정부에서 지정한 필수 예방접종 중 하나로, 생후 6개월 이내 세 차례에 걸쳐 받게 되어 있는 무료 접종이다. 유년기에 예방접종을 충실히 맞지 못했다는 사실은 보호자로부터 정당한 보호를 받지 못했다는 의미일 수

있다. 수용자들의 상당수는 사회경제적 취약층이다. 어떻게 보면 거의 '선천적'이라고 할 수 있을 만큼 범죄자가 될 가능성이 높은 상태로 자란 게 아닌가 하는 생각을 하게 된다.

장기기증 캠페인

소장님의 허락을 받아, 사랑의장기기증운동본부에 교육을 의뢰했다. 직접 시설로 들어와 수용자들에게 장기기증 교육을 해 달라고. 이를 통해 교육받은 수용자의 10퍼센트 정도가 장기기증 서약을 했다. 기뻤다. 우리 사회에서는 아직 뇌사자 장기이식에 대한 인식이 굉장히 편협하다. 사후 각막기증과 뇌사자 장기이식은 의학적으로 사망 후에 이루어지는 일인데, 거부감을 느끼는 사람들이 여전히 많다. 일반인들 중에서도 "죽은 뒤 사체훼손 아닌가요?" 혹은 "온전하게 묻혀야죠" 같은 말로 장기기증을 못마땅해 하는 사람들이 많다. 내가 기독교인이라 그런지, 기독교인인데도 장기기증을 꺼리는 일반인들은 더욱 이해가 안 됐다. 가끔은 〈요한복음〉의 한 구절 "사람이 친구를 위하여 자기 목숨을 버리면 이보다 더 큰 사랑이 없나니"15장 13절를 거론하며 설득하려 든 적도 있는데, 대부분은 결국 사망 후에 자기 몸이 훼손되는 게 싫다는 반응들이었다.

수용자들은 내 예상보다 훨씬 장기기증에 긍정적이고 적극적이었다. 비록 나쁜 짓을 해서 이곳에 있지만 최소한 죽어서는 남에게 좋은 일을 하고 싶다고 말하는 사람이 많았다. 정말 의외였다. 이런 말을 들을 때면 내가 지금 범죄자가 아니라고 해서 범죄자보다 더 좋은 사람이라고 말할 수 있을까 스스로 묻게 된다.

장기기증 캠페인과 더불어 조혈모세포 기증 캠페인도 하고 싶었다. 하지만 조혈모세포의 경우 매칭이 되는 사람이 있으면 기증을 위해 2박 3일 정도 외부에 입원해 있어야 하기 때문에 의료과 동료들의 반대에 부딪혔다. 보안과에 부담이 된다고. 수용자가 도주할 수 있는 상황은 만들지 않는 게 좋다는 것이 공식적인 이유였지만 나는 동의할 수 없었다. 기증자를 찾지 못해 어려움을 겪는 백혈병 환자들이 많은데, 절차상의 번거로움이 생명보다 더 중요할까?

수용자 중에는 스트레스로 혈압이 올라간다거나 두통이 있다고 호소하는 사람이 많다. 이런 증상은 단순 진료보다 심리치료를 동반할 때 이해가 훨씬 깊어질 수 있다. 교도소에는 심리치료팀이 있다. 원칙적으로는 심리치료팀과 의료과가 함께 움직여야 하는데, 물리적으로도 시스템적으로도 둘은 너무나 멀리 떨어져 있다. 2018년 나는 순천교도소 심리치료팀이 주최하는 프로그램에서 적절한 약물복용법에 대해 발표했다. 20분 정도의 발표가 다였지만, 의료과와 심리치료팀이 서로 협업할 수 있고, 협업해야 함을 실감하는 시간이었다.

보건복지부 지침에는 분명 공중보건의사가 초과근무에 대해 수당을 받을 수 있다고 금액까지 명시되어 있다. 하지만 현장에서는 추가 수당이 지급되지 않는다. 세부 지침이 없기 때문이다.

시간외 근무 수당을 받으려면 어떻게 해야 하는지 교정본부에 문의했더니, 공중보건의는 비현업 공무원으로 분류돼 초과근무 시간에서 한 시간씩을 빼고 수당을 지급받아야 한다는 지침이 답으로 돌아왔다. 즉, 비현업 공무원의 경우 한 시간 이상의 근무에 대해서만 초과근무가 인정된다는 것이다. 현업 공무원은 쉽게 말해 당직을 서는 공무원이다. 나는 매일 한 시간씩 초과근무를 30번 해도 초과근무 시간이 0시간이냐고 교정본부에 항의했다. 야간에 응급환자가 생기면 시설에 다시 들어와서 환자를 보게 되는데 보통 한 환자를 한 시간 이상 보지는 않는다. 퇴근해 있다 다시 불려 왔는데 이에 대해 아무 보수를 받지 못한다는 게 부당하게 느껴졌다.

이 문제도 해결이 되긴 됐다. '시간외 근무에 대한 진료장려금'이라는 명목이 생겼다. 진료장려금은 이제 전국의 모든 시설에서 적용된다.

정당한 권리는 거저 주어지는 것이 아니다. 교정시설에서 근무하며 절실히 깨닫는다. 마음 불편하게 교정본부 의료과 계장님과 언성을 높이기까지 했으니. 나중에는 서로 오해를 풀었다. 하지만 덕분에 불합리를 합리로 되돌릴 수 있었다고 생각한다.

모두가 꾀병은 아니다

30대 후반으로 보이는 여성 신입 수용자가 흉부 엑스레이를 찍기 위해 의료과 진료실에 왔다가 바닥에 쓰러졌다. 급하게 다가가 경동맥을 확인했다. 다행히 맥박은 뛰고 있었다. 이름을 물어보고 이름을 불러 보니, 의식도 있었고 눈도 뜰 수 있었다. 기록에 간질발작이 있다는 내용이 있었는데, 특별히 발작seizure 양상은 없어 보였다. 하지만 결신발작absence seizure 과 같이 실신syncope과 비슷하게 나타나는 발작도 있기 때문에 이를 완전히 배제할 수는 없다.

　몸을 일으켜 수용자를 침상에 눕혔다. 활력징후가 안정적이었다. "어지러워요." 간신히 들릴 듯한 목소리로 수용자가 답한다. "언제부터 그렇죠?" "여기 들어온 후부터요." 구속되고 나서 공황장애를 호소하는 사람들이 있기 때문에 공황장애도 분명 가능한 진단명이다. 특히 코로나 때문에 신입 수용자들에게 레벨 D 방호복을 입혀 놓은 상태였다. 방호복은 멀쩡한 내가 입어도 답답하다.

경과를 지켜보려고 하는데, 교도관 한 분이 조용히 옆에 다가와서 "좀 쇼를 하는 경향이 있어요"라고 말씀하신다. 고개를 끄덕였다. 그리고 1분쯤 지났을까, 갑자기 수용자가 양팔을 마구 접었다 펴면서 침상을 내리치고 고개를 좌우로 흔들었다. 간질성 발작 같기도 하지만 양상이 좀 달랐다. 특히 의식이 있는 상황에서 이런 증상이 나타나면, 비간질성 발작non-epileptic seizure을 의심해 볼 수 있다. 뇌의 뉴런에서 비정상적인 활동에 의해 발생하는 간질성 발작과는 달리, 비간질성 발작은 보통 심리적인 이유에서 기인한다.

정말 어지러운지 의심스럽기도 하지만, 환자의 주장을 부정하는 일은 진료에 도움이 되지 않는다. 수용자에게 어지러움증 약을 준다고 말하고, 어떤 점이 불편한지 물었다. 뭔가 방 배정에 문제가 있었던 것 같다. 이를 해결하기 위해 노력하겠다고 달래니, 수용자의 이상행동이 멈췄다.

이 수용자의 발작은 가벼운 수준이었지만, 비간질성 발작은 이보다 훨씬 감별하기 어려운 형태로 오는 경우가 많다. 코로나 때문에 김천소년교도소에 파견을 갔을 때는 서른 살 정도의 외국인 환자가 쓰러져서 의식을 잃은 채 의료과로 실려 왔다. 파키스탄인가에서 왔다는 사람이었는데, 입에 거품을 물고 몸을 전반적으로 부르르 떠는 양상이었다. 눈도 돌아가 있었다. 간질성 발작일 경우 발작이 5분 이상 지속되면 사망에까지 이를 수 있는 간질중첩증status epilepticus을 고려해야 한다. 예사로 볼 수 없는 상황이었다.

그런데 이상하게도 직원들이 느긋해 보였다. 설명을 들어 보니 이미 비슷한 증상으로 외부 병원에 나가서 CT, MRI, 뇌파 검사 등 할 수 있는 검사는 모두 받고 들어온 수용자라고 했다. 기록을 보지 못했다면 나도 당장 이 수용자를 외부 병원으로 빼자고 했을 상황이었는데, 일단 지켜보기로 했다. 외국인 수용자는 최근 발작 빈도가 늘었다고 했다. 이날 그는 한 시간가량 누워만 있다가 사동으로 돌아갔다.

다음 날, 따로 이 수용자를 불러서 진료를 봤다. 수용자는 영어를 할 수 있었는데, 이때까지는 영어로 소통할 수 있는 사람이 없어서 몹시 불안했다는 말부터 꺼냈다. 비간질성 발작이 있는 본인의 건강 상태에 대해서도 지난번 외부 병원에서 제대로 설명을 듣지 못했다고 한다. 그에게 영어로 질

환에 대해 설명하고, 약간의 도움이라도 주기 위해 신경안정
제를 처방했다. 이후로는 추가 발작이 없었다. 심리적인 문
제가 이 질환에 핵심적으로 작용한다는 사실을 알 수 있는
사례였다.

비간질성 발작은 꾀병이 아니다. 하지만 꾀병으로 오해
받기 쉬운 질환이다. 교도관들, 심지어 의무관들도 수용자
들이 '쇼를 한다'고 생각할 수 있는 이 질환은 뇌가 작동하는
미스터리한 방식에서 기인한다. 전형적으로 마음이 몸을 지
배하는 경우다. 하지만 심리적인 기원을 가진다고 병이 아닌
건 아니다. 신경안정제가 효력이 있다고 보기도 어렵지만,
심리적 효과든 진짜 효과가 있든, 정확히 알 수 없는 채로 내
가 할 수 있는 일은 신경안정제를 처방하는 정도다.

우리의 뇌는 우리가 예상하는 방향으로만 작동하지 않는다.
2021년 3월, 〈이코노미스트〉지에서는 "Knocked out and
Locked up가격당하고 감옥에 갇힘"이란 표현으로 수용자들의 외상
성 뇌손상traumatic brain injury에 대해 다뤘다. 외상성 뇌손상
은 감정 통제 능력을 약화하거나 분노조절 문제를 일으키는
데, 특히 폭력 범죄를 저지른 수용자들 중 외상성 뇌손상을

경험한 비율이 매우 높게 나타난다고 한다. 그러므로 어린 시절 외상성 뇌손상을 입었을 경우, 이에 대한 신경계 재활이 범죄를 예방하는 데 중요하다고 말하는 연구자들도 있다. 뇌손상이 범죄의 원인이라고 보는 것이다.

순천교도소에도 발작 환자가 있었다. 처음엔 경련이 심하지 않았는데, 나중에는 이때까지 본 적 없는 형태로 몸을 뒤틀기 시작했다. 순천 성가롤로병원으로 급하게 환자를 뺐다. 아티반Ativan을 비롯한 안정제를 계속 주는데도 쉽게 발작이 멈추지 않았다. 뇌영상을 찍어 보니, 전두엽 쪽에 외상의 흔적이 있었다. 이 수용자도 외상성 뇌손상을 입은 적이 있었던 것이다. 이런 수용자의 경우, 지금 그가 교도소에 다다른 것은 본인의 의지 때문이라고 봐야 할까, 아니면 젊은 시절 다친 뇌의 작용이라고 봐야 할까? 더 나아가서 이 둘의 경계를 짓는 것은 가능할까?

수용자 환자들의 아픔을 보다 잘 이해하기 위해서는 더 열심히 공부해야 한다. 우리의 상식이나 이해 밖의 일이라고 해서 그것의 존재와 사실 가능성을 부정해선 안 된다. 공부하지 않으면 환자가 미워 보인다.

아픔이 길이 되려면

"무섭지 않아?"

교도소에서 공중보건의사 생활을 시작하며 주변 사람들로부터 가장 많이 들은 말이다.

"무섭지 않아?"

이태원 트랜스젠더 바 옆을 지나면서 친구에게 나도 같은 말을 한 적이 있다.

익숙하지 않은 상황에 처하면 편견, 경계심, 그리고 두려움이 앞선다. 교도소 수용자나 트랜스젠더의 존재는 우리에게 익숙하지 않다. 그렇기에 관심보단 경계심이 앞선다. 때론 손가락질을 하기도 한다. 이를테면 나는 손가락질하는 사람에 더 가까운 사람이었다.

한 사람의 삶의 행보가, 글이, 다른 사람의 삶의 방향을 정말 바꾸기도 하는구나, 고려대학교 보건과학대학 김승섭

교수의 《아픔이 길이 되려면》을 읽고 생각했다. 이 책이 내 삶의 방향을 바꾸었다. 익숙하지 않은 존재들에게 조명을 드리우는 이 책은 단순히 '익숙하지 않음'을 보여 주는 데 그치지 않는다. 그 존재들이 왜 아플 수밖에 없는지를 보여 준다. 세균과 바이러스가, 유전자 변형이 질병을 일으키듯, 한 사람의 사회경제적 배경이 어떻게 그 사람의 건강에 영향을 주는지 알려 준다. 나아가 우리에게, 나에게 그 아픈 존재들과 같이 걷자고 말한다.

어디에서 공중보건의사로 복무해야 할지 고민한 끝에 교정시설을 지원했다. 《아픔이 길이 되려면》이 지적한 건강 문제를 일부분이라도 내 눈으로 직접 목격하고 싶었다. 이 책이 내민 초대의 손길에 응하고 싶었다.

이곳에서 매일 수용자의 건강권이 침해되는 모습을 목격한다. 때론 이 현장에서 나는 방관자 이상의 역할을 하지 못한다. '눈 가리고 아웅' 식의 임시적 의료처치가 바로 수용자 건강권을 침해하는 행위다. 교도소에서 근무하면 우리 사회가 얼마나 근시안적인지 확인할 수 있다. 사람들이 왜 아픈지 근본적 이유를 찾기보단 아프다고 오는 환자를 치료하기 급

급하다. 성과가 쉽게 보이지 않는 예방적 사회복지에는 소홀하다. 《아픔이 길이 되려면》이 말하듯 교육과 가정의 부재, 가난, 외로움이 스며들어 발생하는 신체적 정신적 질병이 사람들을 괴롭히고 있고 교도소는 이 '아픔과의 전쟁'에서 최후의 보루와도 같다. 열악한 사회경제적 배경이 아픔을 만들며, 역으로 아픔이 사회경제적 지위를 결정짓고 때로 범죄로 이어지는 요인을 제공하기도 한다. "건강해야 공부할 수 있고, 투표할 수 있고, 일할 수 있고, 사랑할 수 있으니까요"라는 책 속의 말처럼 말이다. 이 악순환의 고리를 끊을 수 있는 교도소는, 고혈압과 당뇨병이 왜 위험한지 알려 주기 전에 고혈압 약과 당뇨 약을 먹인다. 이들이 가진 정신과적 문제를 알려 주고 적절한 정신보건 프로그램을 제공하는 대신 수면유도제를 주며 출소일까지 어떻게든 아무 문제도 생기지 않기를 바라며 버틴다. 이는 아픔이 길이 아니라 도돌이표가 되도록 하는 폭력적 방법이다.

우리 사회에는 폭력성이 만연하다. 병무청 신체검사장에서 목욕가운 같은 것을 걸치고 있던 트랜스젠더 여성분이 잊히지 않는다. 그분이 마치 동물원의 구경거리처럼 그곳에 있어야 한다는 사실에 왜 그래야 하는지 이해할 수 없었고,

그래서 너무 화가 났다. 고환적출 수술을 받아야만 현역 입영 처분을 면하는 우리 사회는 강압적이며 폭력적이다. 아픔을 조장하는 사회다.

교정시설에서의 3년은 나를 어떻게 바꿨을까? 흔히 교정시설에서 근무한 사람들이 말하는 '밑바닥을 보았을 때 인간에 대해 느끼는 환멸'이 나를 잠식했다고 생각하진 않는다. 다만 인생이란 내가 만나고 싶은 사람만 만나며 평온하게 사는 방향보단, '얽혀 있구나' 느끼며 사는 방향이어야 한다고 생각했다. 이 얽힘이 온갖 스트레스를 유발하지만, 이로부터 오는 긴장이 꼭 해롭지만은 않다고 생각한다. 이곳에서의 생활이 앞으로의 내 인생에 화두를 남겼다고 생각한다. 개인과 사회의 건강이 어떻게 상호작용하는지, 어떻게 서로를 치유할 수 있는지에 관해서 말이다. 서로를 위한 치유 활동에 내가 무엇을 할 수 있을지 더 고민하고 싶다.

5장 담장을 따라 꽃이 피듯

"살해당한 사람들의 원한을 씻기 위해, 이 이상의 피해를 내지 않기 위해, 물론 저는 용서 없이 혈귀의 목에 칼날을 휘두를 겁니다. 하지만 혈귀라는 사실에 괴로워하며 자신이 저지른 일을 뉘우치는 자를 짓밟지는 않습니다. 혈귀도 인간이었으니까! 나와 같은 인간이었으니까! 추악한 괴물 같은 게 아니라 혈귀는 공허한 생물입니다. 슬픈 생물입니다."

애니메이션 〈귀멸의 칼날〉에서

사형수의 연하장

솔직히 말해 수용자, 그것도 사형수가 내 이름을 알고 있다는 사실은 그 자체만으로 긴장감을 준다. 사형수 대부분은 살인으로 이곳에 온다. '살인'이라는 단어는 단 두 글자지만, 그 범죄의 현장은 설혹 그것이 우발적인 것이었다 해도 절대 떠올리기 싫다.

영화 〈살인의 추억〉에 나올 법한 사건으로 이곳에 들어와 있는 희대의 연쇄살인범도 있지만, 사형수들이 다 그런 유명인사는 아니다. 대부분은 젊은 시절 살인으로 사형이 확정돼, 교정시설에 들어온 지 20년이 넘은 사람들이다. 그리고 그들 중 일부는 모범적인 수감 생활로 사형에서 무기징역으로 형이 전환되기도 하고 석방되기도 한다.

'사형수'라는 말은 법적으로 정확한 표현은 아니다.

2007년부터는 '사형확정자'가 법률상의 정확한 표현이다. [19]
2016년 최종 개정된 정의에 따르면 사형확정자란 '사형의
선고를 받아 그 형이 확정되어 교정시설에 수용된 사람'이
다. 사형수는 '형이 집행 중'인 기결수 신분이 될 수 없다. 형
의 집행은 곧 사형이기 때문이다. 따라서 형이 집행되기 전
인 미결수의 신분이라고 봐야 하지만, 교정시설에서 생활한
기간이 다른 수용자와 비교가 되지 않을 정도로 압도적이기
때문에 사동에서는 웬만한 기결수보다도 터줏대감 느낌이
강하다.

2020년 12월 기준, 전국의 사형수는 60명이다. 가슴에
빨간색 번호표를 붙이고 있는 사형수. 극적 존재를 상상하게
되지만 진료실에서 만나면 그들도 역시나 한 명의 인간일 뿐
이다. 똑같이 배가 아프고, 가슴이 아프다. 똑같이 관상동맥
이 좁아진다.

내가 맡고 있는 한 사형수는 젊었을 때 테니스를 쳤다고
한다. 순간적으로 같은 테니스인이라는 유대감이 생기는 건,
사형수라고 다르지 않았다. 그는 직원들이 "아, 또 바람 쐬러
나왔네"라고 말할 정도로 꽤나 자주 진료를 보러 온다.

[19]　형의 집행 및 수용자의 처우에 관한 법률 제2조 4호.

올해에도 이 사형수의 연하장을 받았다. 컴퓨터 글씨체로 만들어도 되겠다 싶은 궁서체로 한 자 한 자 직접 쓴 연하장이다. 작년에도 이 사형수로부터 연하장을 받았었다. 간직하고 있던 작년의 연하장도 다시 열어 봤다. "찬미 예수"라는 말로 시작하는 연하장이다. 형사정책연구원의 2021년 보고서[20]에 따르면 2020년 10월 기준으로 사형확정자 56명은 모두 종교를 가지고 있었다. 그중에서 기독교인은 32명. 정확히 알 수는 없지만 모태신앙이기보단, 교도소에서 기독교 신자가 되었을 가능성이 크다. 언제든지 죽을 수 있다는, 또는 평생을 감옥에서 살아야 한다는 현실이 종교에 기대게 했을까. 종교는 그들에게 무엇을 해 줄 수 있을까. 어렴풋이 '삶의 이유'가 돼 줄지 모른다고 짐작해 본다. 그 마음의 정확한 형태는 감히 그려 보기 어렵지만.

2019년 연말에 받았던 사형수의 연하장 앞부분을 옮겨 본다. 나를 진중히 타이르는 듯한 말들이 적혀 있다.

"그리스도인이라 말할 때는

모든 것을 안다는 것이 아니라

---

[20] 형사정책연구원, 〈사형 폐지에 따른 법령 정비 및 대체형벌에 관한 연구〉, 2021.

몰라서 혼란스러움을 시인하는 것이다.

그래서 겸손히 하느님의 가르침을 구하노라고.

온전하다고 주장하는 것이 아니라

부족함이 많음을 인정하는 것이다.

그래서 오직 하느님의 인정하심만을 믿노라고."

2019년은 순천교도소에서 서울구치소로 근무지를 옮기고 한창 마약수들하고 실랑이를 벌이던 해였다. 수용자들의 어려움에 대해, 중독이 지배해 버린 몸에 대해, 나는 무엇을 알고 있었을까. 단지 의사라는 이유로 그 어려움과 고통에 대해 모든 것을 안다고 생각했던 게 아닐까. 사형수의 연하장이, 모든 것을 안다고 할 것이 아니라고 말하는 것 같았다.

2020년 연말의 연하장에는 확실히 좀 더 개인적인 메시지가 담겨 있다.

"올해 다른 이들도 수고 많지만 최 선생님이 제일 분주하고, 제일 바쁘고, 수고하시는 것 같습니다. 대구에서, 광주에서 아직 안 돌아오셨는지 어제 2차 검진 결과 때문에 의무과에 갔을 때 볼 수 없었으니 말입니다. 특히 건강 조심하시고 복된 성탄과 모든 일에 주님 은총 가득한 2021년이 되기를 기도드립니다."

서울구치소에서 근무하며 몇몇 수용자들은 일주일에 세 번 이상 만나 왔다. 부모님이나 친한 친구들보다 자주 본 셈이다. 물론 진료실에서 보는 거지만 말이다. 병원에도 1년 이상 장기 입원하는 환자는 드물기 때문에, 앞으로 어느 곳에 가더라도 이렇게 자주 만나는 환자들은 없을 것이다. 보통의 환자와 의사 관계보다 분명 '찐한' 관계다. 아, 어떻게 보면 의사와 환자 사이라기보다 '직장동료 사이'라고 해야 할까.

어쩌다 보니 직장 생활에서 가장 아끼는 사람들이 범죄자들이 되어 버렸다. 오늘 내가 죽는다면, 사형수를 위해 살다 가는 것이 되어 버렸다. 이들이 저지른 범죄와 피해자의 아픔은 절대 희석될 수 없지만, 내 눈앞 사형수의 마음을 사로잡은 예수님의 말씀 중 이런 게 있다.

내가 진실로 너희에게 이르노니 너희가 여기 내 형제 중에 지극히 작은 자 하나에게 한 것이 곧 내게 한 것이니라.

〈마태복음〉에서

김천과 대구에서 <small>코로나 생각 1</small>

COVID-19, 일명 '코로나'로 전국이 시끄러웠다. 교정시설도 코로나의 풍랑을 비껴 가진 못했다. 2020년 2월 29일 새벽 3시, 김천소년교도소에 확진 수용자가 나온 것이다. 게다가 김천소년교도소 의료과장님은 밀접 접촉자로 분류돼 자가 격리에 들어갔고, 원래 계시던 공중보건의 선생님은 대구 서 구보건소로 파견을 나갔다가 그곳 직원이 확진 판정을 받으 면서 마찬가지로 자가격리에 들어갔다. 김천소년교도소에 의사가 한 명도 없는 상황이 벌어졌고, 교도소는 공황상태에 빠졌다.

서울구치소에 있는 나와 여주교도소에 있던 공중보건 의 선생님이 의료 지원과 선별진료소 운영을 위해 급하게 김 천으로 갔다. 원래 나는 3월 7일부터 대구 파견이 예정돼 있 었고, 여주교도소 선생님은 인천공항검역소로 파견될 예정이었다는데, 김천으로 가라는 파견 지시에 50퍼센트 정도는 자원하는 심정으로 가게 되었다. 50퍼센트는 자원이라고 말하는 건 나와 여주교도소 선생님 모두 교정시설에 대한 애착 때문에 이의 없이 파견 지시를 따랐다고 생각하기 때문이다. 시설 자체라기보다는 그곳에 있는 사람들이 걱정돼서라고 하는 게 맞겠다.

레벨 D 방호복을 입고 확진자를 만나러 갔다. 전신방호복은 레벨 A부터 D까지 있는데, 레벨 D는 사스, 메르스, 코로나19 등 비말과 같은 입자 매개 감염병 대응용이다. 방호복 중에선 가장 낮은 단계지만 얼굴을 제외한 전신을 감싸는 형태다. 확진자는 마스크는 쓰고 있었지만 레벨 D 방호복은 다 풀어헤친 채 걸어나왔다. 문 앞에 음식을 비운 용기들이 가득 쌓여 있는데, 4일 동안 아무것도 못 먹었다는 말을 한다. 산소포화도와 혈압, 맥박, 체온을 측정했다. 모두 정상이었다. 하지만 본인은 숨 쉬는 게 너무 힘들다고 주저앉는다. 그리고 이어지는 말은 내 기준에서는 일종의 징징댐이었다. 다 죽어 가니까 얼른 외부 병원으로 내보내 달라는 징징댐. 익숙하다. 매일 마주하는 낯익은 말들.

환자보고 징징댄다는 표현을 쓰면 의사로서 비윤리적으로 보일 수도 있겠다. 나는 아파서 진료실을 찾는 수용자들에 대해 '징징댄다'는 표현을 자주 쓴다. 어느 정도 이 표현에 자신감도 가지고 있다. 수용자의 꾀병을 비난하기 위해서가 아니라 그들의 하소연이 때론 귀엽게 들리기도 한다는 걸 표현하기 위해서다. 이를테면 "마누라 얼굴이라도 좀 보고 싶다"고 수용자가 나에게 징징댄다. 들어줄 수 없다는 걸, 그도 알고, 나도 아는데, 굳이 나에게라도 말해 주는 게 귀엽고 안타깝다.

수용자의 징징댐은 일단 잘 들어야 한다. 때로는 어렵지만, 나도 정말 잘 못하지만.

파견근무하는 동안, 확진자와 같은 방을 썼던 두 명의 수용자가 추가로 확진 판정을 받았다. 이 시기에 김천소년교도소는 코로나19 확산을 막기 위해 전 직원과 의료진이 정말 한마음이 되어 움직였다. CCTV 화면과 배방 상황을 꼼꼼히 검토해 접촉자들을 찾아내고 이들을 독거실에 격리시켰다. 접촉자들이 나온 사동은 확진자에 준해 관리했다. 교도관들도 집에 가지 않고 관사에서 지내며, 원래는 사동 도우미가 하는 배식까지 직접 맡아 했다.

소장님은 아직 젊은 공중보건의들을 전문가로 존중하며 요구를 적극적으로 받아들여 주셨다. 우리 의견에 따라 업무가 진행될 수 있도록 다른 직원들을 설득했다. 덕분에 코로나 검사 범위를 확대할 수 있었다. 짧은 기간에 발휘된 정말 놀라운 리더십이었다. 경상북도 감염병관리단과 김천시 보건소가 당장의 전수조사를 강요하는 와중이었던 점을 고려하면 더더욱 그랬다.

독거실의 개수가 한정된 교정시설에서는 접촉 의심자들을 확실히 격리하는 일이 무엇보다 중요하다. 확진자 수가 기관 역량을 넘어서지 않도록 감염 확산을 최소화하는 것이다. 소장님은 이 기간 내내 외부 기관보다 공중보건의 두 사람의 말에 따라 중요한 결정을 내리셨고, 다행히 김천소년교도소는 세 명의 확진자를 끝으로 코로나를 종식시켰다.

업무가 끝나고 김천소년교도소 총무과장님과 식사하는 자리였다. 과장님이 말씀하셨다.

"이곳에 몸이 아픈 사람은 절반밖에 안 되고, 나머지 반은 마음이 아픕니다."

나도 공감한다. 이렇게 수용자들의 안위를 위해 나서는 사람을 보고 정신과 용어로 '역전이' 아니냐고 묻는 사람들도 있다.역전이는 환자에 대한 치료자의 반응으로, 환자와 감정이 얽힌 치료자의 상태라고도 볼 수 있다. 객관적인 치료에 방해가 된다고 여겨진다. 이번에 김천소년교도소 코로나 확진 기사에도 '범죄자들은 죽어도 싸다'는 댓글이 어김없이 달렸다. 범죄 피해자들에 대한 안타까운 마음들이 있기 때문일 것이다. 하지만 여러 연구와 통계, 그리고 내가 매일 만나는 현실이 말한다. 교정시설에 있는 사람들의 사회경제적 배경이 어떤지. 왜 죄는 미워해도 죄인은 미워하지 않는다는 말이 나올 수 있는지. 나는 그 흔한 말이 왜 있는지를 교정시설에서 근무하고 나서 정확하게 알수 있었다.

전염병 때문에 오게 될 줄은 정말 상상도 못 했지만, 김천소년교도소는 언젠가 꼭 와 보고 싶은 곳이었다. 총무과장님 말대로 "아빠 엄마 찬스라곤 한 번도 못 써 본 아이들"이 있는 곳. 지금은 수용인원이 많이 줄어들어 전체 수용자의 20퍼센트만이 소년수라고 하지만 어쨌든 김천소년교도소는 소년수들이 있는 곳이다. 이곳엔 100여 명의 소년수들이 있다.

원래 계획대로라면 김천에 간 날은 미국의사고시 실기시험을 치르러 미국에 가기로 되어 있는 날이었다. 공중보건의사 기간에 시험을 보려고 긴 시간과 비용을 들였는데, 소용없는 일이 되었다. 코로나19가 모든 것을 예측 불가능한 상황으로 만들어 버렸다.

많은 사람들이 코로나19로 큰 변화를 겪고 있지만, 그중에서도 일상의 변화를 가장 크게 겪어야 했던 직업군 중 하나가 의사라는 점을 이야기하고 싶다. 정말 많은 의사들, 그중에서도 현장에서 환자들을 돌보는 공중보건의사들이 있다. 그들에 비하면 내 이야기는 어디에도 내세울 게 못 된다.

김천소년교도소 총무과장님이 하신 말씀 중 가장 마음 깊숙이 들어온 말은 이것이다.

"교도관인 게 너무 좋습니다."

그 말을 듣고 나도 자신있게 말할 수 있는 사람이 되고 싶었다.

"그래도 의사인 게 너무 좋습니다."

폭동보다 무서운 것 코로나 생각 2

동부구치소엔 2020년 12월 20일과 21일 단 이틀 있었다. 전날까지 광주교도소에서 코로나 상황을 정리 중이었는데, 교정본부로부터 급하게 연락을 받았다. 서울동부구치소로 좀 가 줬으면 좋겠다는 내용이었다.

12월 15일까지만 해도 언론 기사에는 동부구치소 직원 열네 명이 확진 판정을 받고, 수용자 중엔 출소자 한 명을 제외하고는 확진 판정을 받은 사람이 없다고 나와 있었다. 직원 확진자가 열네 명이 될 때까지 확진 수용자가 없다는 사실이 믿기지 않았다. 16일과 17일, 이틀에 걸쳐서 어떤 논의가 있었는지 모르겠다. 이때 당연히 확진 직원들에 대한 역학조사가 이루어지고 접촉 수용자를 검사하고 격리 조치를 했으리라 짐작했다. 추후 언론에서 밝혀진 바와 같이, 아니었다.

구치소와 보건소, 서울시 간의 협의로, 12월 18일 동부구치소 전체 수용자를 대상으로 코로나 검사가 이루어졌다. 그다음 날, 185명이 확진 판정을 받았다. 그 상황에서 내가 12월 20일에 동부구치소에 들어간 것이다.

12월 20일은 일요일이었다. 새벽 5시 반 첫 기차로 광주에서 서울로 갔다. 누구도 새벽 차를 타고 오라고 하지는 않았지만, 마음이 급했다. 제때 적절한 조치가 이루어지지 않으면 사태가 걷잡을 수 없을 거란 생각이 들었다. 동부구치소 상황이 그만큼 심각해 보였다.

8시에 동부구치소에 도착하니, 19일에 나온 결과를 토대로 수용자들을 이동시키는 조치를 진행하고 있다고 했다. 질병관리청에서 확진자와 접촉자를 분리하라는 요청이 있었다며. 확진자가 185명이나 되는데, 그사이 접촉자에 대한 역학조사를 벌써 끝낸 건가, 의문이 들었다. 출정, 면회, 상담, 조사수용 등 각종 이동 기록 및 CCTV를 확인하며 동선 파악을 하는 것만도 어마어마한 작업일 텐데.

알고 보니 동부구치소에서 벌인 조치는 세 가지였다. ① 접촉자들을 세 개 사동에 몰아넣었다.언론 기사에 나와 있듯 그 과정에서 확진자 여덟 명도 같이 수용되었다. 접촉자 숫자는 확진자 수와 동일한 185명이었다. ② 이때, 접촉자인지 아닌지는 하나의 기준으로 분류했다. 확진자와 같은 방을 쓰느냐, 아니냐. 그 외 출정, 면회 같은 다른 요소는 전혀 고려되지 않았다. 사동 도우미의 동선 역시 제외되었고, 따라서 사동 도우미가 전파자가 되어 코로나를 전염시킬 가능성 또한 배제되었다. 오직 확진자와 같은 방을 쓰고 있는 수용자들만이 접촉자로 분류되었다. 이 수가 185명이었다. 질병관리청이 사동 도우미나 출정이라는 개념도 알지 못한 채 역학조사를 벌이고 이동 조치를 내린 것이다. ③ '비접촉자'로 분류한 사람들 300여 명을 다른 곳으로 이동시켰다. 문제는 '비접촉자'를 전수검사 1회로 확실히 알기는 어려우며, 접촉자, 비접촉자는 양성/음성의 검사 결과로 결정하는 것이 아니라 전염 추정 시간대 실제 동선을 면밀하게 역학조사해 결정해야 한다는 점이다. 검사 결과 음성이 나온 사람이라도 이미 확진자나 접촉자와 접촉했을 가능성이 농후하다. 이는 추후 비접촉자로 분류된 사람들 중에서 확진자가 계속 나온 사실로도 알 수 있다. 즉, ③의 행위는 폭탄 300개를 전 사동에 흩뿌린 행위였다.

이 모든 과정에 질병관리청에서 나온 역학조사관과, 교정시설 의료인으로는 유일하게 간호사 한 명이 있었다. 의사는 없었을뿐더러 의료인이 아니더라도 코로나 현장 경험이 있는 사람은 아무도 없었다.

　김천소년교도소와 광주교도소에서 지내며 내가 코로나19에 대해 정리한 사항은 아래와 같다.

　1. 확진자와 같은 방을 쓴 사람들은 검사 결과가 음성으로 나왔다 해도 양성이나 다름없다. 그러므로, ① 오늘 확진받은 수용자를 오늘 음성 결과를 받은 수용자와 분리한다는 방침은 유효하지 않다. ② 오늘 확진받은 수용자와 오늘 음성 결과를 받은 같은 방 수용자를 각각 독거실로 보낼 수 있는 여건이 아니라면동부구치소는 그런 여건이 아니었다. 확진자를 그 방에서 빼내는 데 조급해할 것이 아니라, '거실 단위 코호트'를 고려해야 한다. 일반인 가족들이 가구 단위 코호트에 들어가듯이.

　2. 확진자 집단동부구치소의 경우 185명과 그들과 같은 방을 쓴 집단동부구치소의 경우 185명, 이 두 집단동부구치소의 경우 총 370명을 제외한 수용자는 둘로 나눌 수 있다. 확진자와 접촉한 사람고위험 접촉자, 확진자와 같은 방을 쓰는 수용자와 접촉한 사람저위험 접촉자. 고위험 접촉자들과 저위험 접촉자들을 찾아내면 이들을 가능한 한 독거 수용해야 한다. 코로나 확진자가

될 가능성, 확진자가 되지 않을 가능성이 모두 있지만 만에 하나 코로나에 걸리면 같은 방 사람들은 2차 접촉 대상자에서 접촉자가 된다.

185명의 대량 확진자가 발생한 것은 애초에 방역에 구멍이 생겼단 의미다. 동부구치소에서 수용자가 후미각 소실을 호소한 것은 확진자 최초 발견 일주일가량 전이었다. 당시 의무과에선 환자를 직접 진료하지 않은 채 감기약 처방만 했다고 한다.

12월 20일은 의미 없는 회의의 연속이었다. 확진자 명단이든, 접촉자로 분류된 수용자 명단이든, 정리된 것이 없었다. 아침 8시 출근해서 새벽 1시 퇴근할 때까지 물 한 모금, 식사한 끼도 못 하고 일만 했다. 의료폐기물 문제는 특히 심각해서, 이러다간 확진자 사동에서 일하는 직원과 의사 모두 코로나에 걸릴 판이었다.

　방호복을 입고 쩔쩔매며 수십 명의 코로나 확진자를 진료하고, 수용자들이 복도에 내팽개친 음식물쓰레기를 치웠다. 옆에서 돕는 사람은 직원 두 명이었다. 다른 의료진은 수용자가 또다시 폭동을 일으킬까 봐 두려워했다. 이미 한 차례 수용자들이 전자문을 뚫고 나갔었기 때문이다. 내가 진료하는 동안은 난동을 피우는 수용자가 한 사람도 없었다. 덕분에 확진 수용자들에게 차분히 코로나19에 대해 설명할 수 있었고, 앞으로 남은 치료 계획을 알려 줄 수 있었다.

오랜만에 울고 싶은 날이었다. 교정시설 자체가 이렇게 많은 주목을 받았던 적이 있었나 싶을 정도로 동부구치소는 연일 언론에 화제가 됐다. 이전에도 국무총리가 교정시설 안으로 들어온 적이 있었던가.

코로나 바이러스 검사에 대해 이야기해 보자. 사람마다 바이러스 보유 기간이 달라서 접촉 후 14일 이상 지나서야 양성 반응이 나오는 사람도 있다. 전수 코로나 검사를 1회 해서 음성이 나왔다고 안전하다고 말할 것인가? 그렇다고 인력과 돈을 집어삼키는 전수검사를 주기적으로 해야 할까? 전수검사 후 양성자 및 그 접촉자를 어떻게 후속조치할 것인지 대책은 세우고 했던 건가? 일반 유전자증폭PCR 검사가 아니라 신속 항원검사로 진행하겠다는 대목에선 해도해도 너무한다 싶었다. 진단검사의학회 발표에 따르면 신속 항원검사의 민감도[21]는 41퍼센트밖에 되지 않는다. 일반 PCR 검사의 민감도는 97퍼센트 이상이다.

검사 자체는 코로나의 확산을 막아 주지 못한다. 코로나 확산을 막아 주는 것은 이동 및 접촉 제한이다. 접촉자라면, 의심되는 환자라면, 검사를 하는 것이 맞지만 불안하다고, 걱정된다고 검사하는 일은 불필요하다. 이동 및 접촉을 주의하던 사람도 코로나 검사 '음성' 결과를 받는 순간 세상을 다 얻은 것처럼 행동한다. 면봉 채취 방식의 코로나 검사 자체가 위음성 가능성이 높고, 초기 감염 시 PCR 검사에서 양성 진단이 나오지 않을 가능성도 있다. 진단검사 남발은 면죄부 남발과 같은 의미가 될 수 있다. 적절한 시기에 검사하고 평소에 높은 경각심을 유지하는 것이 방역에 더 유리하다.

증상이 없던 사람도 접촉자라고 하면, 양성이라고 하면, 갑자기 증상이 있는 것처럼 느끼기 마련이다. 따라서 "봐봐, 증상이 나오기 전에 먼저 검사로 잡아낸 거잖아" 같은 말들은 의미가 없다. 이미 감염력이 없어진 시기에도 PCR에는

---

[21]   민감도란 쉽게 말해, 검사가 얼마나 병을 잘 잡아내는지에 대한 척도다. 특정 병에 걸린 사람이 100명인데 A검사를 해서 그중에 90명이 병이 있다고 나온다면 A검사의 민감도는 90퍼센트다. 즉 나머지 열 명은 병이 있지만 병이 있다고 잡아내지 못하는 것이다.

계속 양성으로 나올 수 있다. 만약 이런 경우 역학조사는 어느 시점 기준으로 할 것인가?

역학조사로 무증상 감염자까지 모두 찾아낼 수 있을까? 많은 사람들은 자연스럽게 회복하거나, 자연스럽게 감염력을 잃는다. 이 모든 것을 역학조사를 통해 추적하기는 어렵다.

정리하자면, 접촉자나 감염 의심자는 당연히 검사를 받아야 한다. 하지만 이동 및 접촉이 제한된 곳교정시설은 이 제한이 특히 더 심하다.에서는 질병관리청 '지침대로' 의사 진료 후 검사 여부 판단이 맞다. 여전히 현장에선 접촉 의심도 안 되는 사람을 검사하는 경우가 많다. 방역 및 치료 조치에 아무 변화도 가져오지 않는 양성 찾기 검사놀이가 계속되고 있다. 의료 자원은 제한적이다. 중환자 관리 대책은 미비하면서 의미 없는 곳에 지나치게 많은 자원이 소비되며 잘못된 메시지만 전하고 있는 건 아닌지 걱정된다.

교정시설은 코로나로 인해 정말 어려운 시기를 보냈다. 그중 김천소년교도소와 광주교도소는 성공적으로 방역을 마쳤다. 이 성공 케이스가 교정시설뿐만 아니라 여러 방역 현장에 널리 참고될 수도 있었을 텐데, 그렇지 못한 것 같아 아쉽다.

동부구치소에는 이후 확진자가 계속 나와 2021년 1월 확진자가 수용 인원의 50퍼센트인 1,200여 명에 이르렀다.

　동부구치소의 뼈아픈 경험 이후로, 전국의 교정 공무원과 교정시설 의료진은 코로나에 맞서 정말 열심히 싸웠다. 때로 과오가 있었고, 뒷짐 지고 있는 의사와 교도관이 없었던 것도 아니다. 하지만 대다수의 교정 공무원들은 코로나 확산 방지를 최우선으로 삼고 자신이 해야 할 일들을 해 나갔다. 그런 시간들이 교정시설의 저력이 되리라고 믿는다.

혐오를 혐오한다

보안과에서 신입실로 와 줘야 할 것 같다는 전화가 왔다. 트랜스젠더 수용자가 입소했는데, 내가 성기의 유무를 판단해 줘야 한다는 얘기였다. 여성호르몬을 맞고 있고, 가슴 수술은 했으나 성기 수술은 하지 않은 수용자였다. 그때까지 태국 패키지 여행의 트랜스젠더 쇼를 제외하고 트랜스젠더는 본 적이 없었다. 그런데 검사 생각에 몰두할 새도 없이 신입실과 의료과를 오가는 중에 당혹스러운 말을 듣게 되었다. 같이 일하는 교도관과 의사 들이 트랜스젠더 수용자에 대해 혐오 발언을 한 것이다.

"그냥 죽여 버리고 싶다."

그들은 정확히 그렇게 말했다.

교도소에서 트랜스젠더와 같은 성소수자에 대한 놀림과 따돌림, 조롱은 흔하다. 트랜스젠더 수용자가 교도관을 향해 "아저씨, 왜 저를 그렇게 보세요?"라는 식의 말을 하면 어떤 보직이든 직원들은 한결같이 분노했다. 평소에도 지나치다 싶은 반응들이었는데 죽여 버리고 싶다니, 그냥 가만히 듣고 있기가 불편했다.

> 사회 전반에 인권 의식이 무르익고 이를 뒷받침하는 제도 법률이 빈틈을 촘촘히 메워 가는 시대이니 혐오를 걱정할 필요가 없다고? 천만에! 더 영악하고 완고한 방향으로 '진화된 혐오'가 편먹어 달라고 꼬리치고 있다. 그렇게 혐오와 입을 맞추는 순간, 나와 우리를 이루는 공동체는 눈 깜짝할 사이에 허물어질 것이다.
>
> 김용민, 《혐오를 혐오한다》에서

나도 그들과 크게 다르지 않았다. 어떤 계기가 있기 전까지는 성소수자를 치료 대상으로 보았고, 그런 내 생각을 거리낌없이 말하고 다녔다. 내 발언에 줄곧 상처받은 사람이 있는 줄은 모르는 채로. 친한 친구가 동성애자라는 건 나 혼자 뒤늦게야 알게 되었다. 친구가 다른 친구들에게 먼저 커밍아

웃하고 나에게는 하지 못했다는 사실을 알았을 때, 너무 부끄러웠다. 지금은 그 친구에게 '찐한' 질문도 자주 하며, 성소수자 수용자들을 어떻게 이해하면 좋을지 조언도 구하며 잘지내고 있다.

혐오주의는 폭력성, 대중성, 파급력을 가진다. 소수자를 욕하는 목소리는 소수자를 옹호하는 목소리에 비해 크게 들린다. 혐오를 주장하는 목소리는 대부분 포용과 사랑을 말하는 목소리보다 강하고 대세를 형성한다. 성소수자를 옹호하는 사람은 집단의 압력 속에서 따돌림을 당하기 일쑤다. 성소수자를 존중할 것을 요구하면, 으레 돌아오는 것은 '너도 게이냐?' 하는 시선이다.

교정시설에서 성소수자 수용 비율은 점점 높아지고 있다. 이에 따라 여러 인권 문제가 불거지고 있다. 성소수자나 HIV 감염자는 기본적으로 독거 수용을 하게 되는데, 그 자체가 일종의 아웃팅이고, 낙인 효과를 갖는다. 운동은 보통 사동별로 하는데, 거실 문을 따서 같이 운동을 나갈 때면 누가 독거실에 있는지 다른 수용자들이 쉽게 알 수 있다. 이 때문에 물주전자로 운동장에 선을 긋고 특정 수용자들에게 넘어오지 말라고 윽박지르는 등 차별적 행위가 이루어진다.[22] 성소수자 수용자들은 고립감과 소외감을 느끼기 쉽다. 폐소공포나 공황장애를 호소하기도 한다.

독거 수용을 원하지 않는 성소수자 수용자도 있다. 이런 경우 굉장히 난감하다. 이들이 혼거를 할 수 없는 교정시설 나름의 사정을 이해하기 때문이다. 성소수자들을 성소수자들끼리 수용하든, 성소수자를 이성애자들과 수용하든, 성적 문제가 불거질 가능성을 배제할 수 없다. 성소수자라고 해서 이성애자보다 성적 문제를 일으킬 가능성이 더 크다고 단정할 수는 없다. 이성애자든, 동성애자든, 양성애자든, 상관없이 혼거 생활에서 성적 문제가 일어날 가능성은 충분히 있다. 일대일 비교에 무리가 있지만, 군대 내에서 발생하는 성추행, 성폭행 문제들을 생각해 보면 좀 더 이해가 쉽다.

다른 수용자에 대해 성추행, 성폭행 등 성적 문제를 야기해서 조사수용이 되는 수용자가 빈번한 현실 속에서 행정 집단은 문제 해결에 보수적이 되고, 책임 소지를 최소화하고자 한다. 여느 집단이든 아직 우리나라의 성의식은 '어떻게

---

[22] 이 주제는 언론에서 다뤄지기도 했다. 연합뉴스, 〈교도소서 성소수자 독방수감, HIV 감염인 '특이환자' 표식 차별〉, 2019년 12월 18일 기사.

게이를 일반인과······' 하는 정도에서 크게 벗어나지 않는다.

수용자가 트랜스젠더라면, 어느 성별의 수용동에서 생활하게 할지 고민하게 된다. 예를 들어, MTF^{Male to Female, 남성에서 여성으로의 성전환} 트랜스젠더는 기존 성별인 남성 수용동에서 생활할지 아니면 여성 수용동에서 생활할지의 문제에 봉착하게 된다. 만약 호르몬 치료만 하고 성전환 수술은 하지 않은 MTF 트랜스젠더라면 문제는 더더욱 복잡해진다. 내가 교정시설에서 만난 MTF, FTM 트랜스젠더들은 네 명이었는데, 모두 성전환 수술까지는 받지 않은 상태였다. 이들은 본인의 기존 성별에 따라 수용동이 결정되었다. 혹여 독거실에 거실하게 된다 해도 본인이 여자라고 생각하는데 프라이버시가 지켜지지 않는 곳에서 남성 직원 및 수용자와 함께 생활하는 것 자체가 힘들 것 같다. 반대의 경우도 마찬가지이리라. 그렇다고 본인이 인지하는 성별 수용동에 넣자니 다른 수용자들이 불편해하는 어려움이 있다.

보안과는 신입 수용자에게 기본적으로 성소수자인지 여부를 묻는다. 여기서 확실한 대답이 불가능하다거나 재확인이 필요하다고 판단될 경우 수용자의 성적 정체성을 확인하는 일은 의료진의 몫이 된다. 고백하건대, 아직도 성적 정체성을 확인하기 위한 정제된 의학적 질문이 무엇인지 모르겠다. 이와 관련해 교정시설에 매뉴얼이 있는 것도 아니다. 어떤 태도를 취하는 것이 맞는지도 혼란스러울 때가 많다. 변명하자면, 학교 다닐 때 들어 본 적도, 배운 적도 없는 영역이다. 다만 최대한 감정을 배제한 상태에서 크게 세 가지 질문을 한다.

본인의 성별이 뭐라고 생각하는가?

본인이 성적 매력을 느끼는 성별은 무엇인가?

여장또는 남장을 하는가?

대부분은 솔직히 대답하지만, 수용 생활이 처음이 아니어서 교도소 생태계를 잘 안다거나 혼거 생활이 힘들었던 사람이라면 의도적인 커밍아웃을 하기도 한다. 혼거 생활을 하다가 생활이 힘들어져서 중간에 갑자기 자신이 성소수자임을 주장했던 수용자도 있다. 독거를 하고 싶어서 거짓말을 하는 것이다. 이럴 때가 바로 내가 난이도 최상급의 거짓말탐지기가 돼야 하는 순간인데, 도대체 어떤 질문을 해야, 어떤 정보를 얻어 내야 이들이 진짜 성소수자임을 알 수 있을까?

동성애는 '반대'의 대상이 아니다. 사과를 좋아한다고 말하는 것이 반대의 대상이 아니듯. 사회의 제도적 합의인 동성결혼을 반대하고 말고와는 다른 성격의 것이다. 동성애에 '반대한다'라는 말이 왜 이상한지 설명할 필요가 없는 사회에 살고 싶다.

미국은 좀 달라요?

다른 사람들이 나설 때까지 기다리지 말고 스스로 나서세요. 잘못, 불평등, 불의가 보이는 곳에서 목소리를 내세요. 이렇게 해야 여러분의 나라입니다. Do not wait for others to move out. Move out yourself where you see wrong or inequality or injustice, speak out, this is your country.

서굿 마셜

'우리나라는 이런 게 문젠데……'라는 생각이 들면 보통 다른 나라는 어떤지 궁금해지기 시작한다. 코로나19로 해외에 다녀온 지가 언제인지 벌써 기억이 가물가물하지만 해외여행을 좋아하는 나는 다른 나라가 어떤지 살펴보며 궁금증을 해소하는 편이다.

교도소에서 일하기 시작하면서, 다른 나라 교도소는 어

떨까 자주 궁금했다. 교정시설의 의료적 필요도 결국 교정시설의 규율과 생활에서 비롯되는 부분이 많기 때문이다. 우리나라 교정시설에는 곰팡이와 각종 벌레로 인해 피부병이 생긴 수용자가 많고, 지나치게 작은 방에 다수의 수용자가 생활하다 보니 폐소공포나 수면장애가 있는 수용자도 많다. 오래 앉아 있어 '징역병'이란 이름이 붙은 복숭아뼈 부위의 점액낭염을 앓는 수용자도 심심치 않은데, 이는 침대가 놓인 외국 교도소에서는 잘 발병하지 않는 질환일 것이다. 무슨 노역을 하느냐에 따라서 생기는 질병도 다양하다. 취사장에서 일하거나 사동 도우미로 일하면 화상을 입는 경우가 많고, 봉제 일을 하면 알레르기나 호흡기 증상을 호소하는 경우가 많다.

유튜브나 넷플릭스에서 볼 수 있는 〈지상 최악의 교도소에 가다〉와 같은 프로그램은 침대에 누워서도 세계 곳곳의 교도소를 견학하게 해 주는데, 세부적인 내용도 있겠지만 결국 시청자들에게 가장 직접적으로 와닿는 부분은 '그 교도소가 얼마나 빡센가'다. 규율이 엄격한 교도소를 보면 '그래, 교도소가 저 정도는 돼야지'라고 생각하게 되는 것이다.

교도소를 다룬 영상물 중에서 동료 교도관들이 가장 환

호한 영상은 러시아 검은 돌고래 교도소 영상이었다. 그곳 수용자들은 팔이 뒤로 묶인 채 허리를 90도로 숙이고 이동해야 한다. 반면 노르웨이의 교도소는 호텔 1인실 같은 독실을 제공한다. 이런 영상을 볼 때는 다들 의아해한다. 이 다큐멘터리 속 노르웨이 교도소는 이런 시설과 교화 활동을 통해 재범률을 획기적으로 줄일 수 있었다고 한다. 하지만 교정을 위해 이렇게까지 막대한 세금을 쓸 필요가 있는지는 노르웨이에서도 논란이라고.

그렇다면 미국의 감옥은, 미국의 교정의료는 어떨까? 최근 몇 년간, 법무부 교정본부는 교정시설 의무관 4~5명을 매년 전미교정의료학술대회에 연수를 보내 줬다. 미국의 교정의료에 대해서 배우고 오라는 의미도 있겠지만, 비인기 직종인 교정시설 의무관에 대한 일종의 인센티브 목적이 더 크다. 나는 교정시설 의무관도 아니고 군복무 대신 일하는 공중보건의사에 불과하나, 감사하게도 2019년 10월 서울남부교도소, 천안교도소, 대전교도소, 인천구치소의 의무관 선생님들과 미국 플로리다에서 개최된 2019전미교정의료학술대회2019 National Conference on Correctional Health Care에 다녀올 기회가 있었다.

교도소 투어는 아쉽게도 신청 마감이 끝나서 하지 못했지만, 학회 참석을 통해 교정시설 종사자들로부터 생생한 정보를 얻을 수 있었다. 그동안 논문, 서적, 인터넷 사이트로만 알고 있던 미국의 교정시설과 교정의료는 선진국의 그것과는 거리가 멀었다. 미국의 교정시설 특징은 세 단어로 요약할 수 있다. 대규모 수감, 인종 간 격차, 민영화다. 현재 미국의 인구 대비 수용인원은 그 어떤 나라보다도 많다. 그에 따라 생기는 문제들도 상당한데, 그보다 더 큰 문제는 범죄율 대비 수감률이 인종에 따라 격차가 크고, 재범률도 높다는 것이다. 그리고 미국은 민영 교도소의 비율이 높다. 그러니까 교도소가 일종의 산업화가 되었다. 민영 교도소에서 의료 서비스는 아예 외주로 맡겨진다. 교도소 내 의사가 상주하는 것이 아니라, 필요한 경우 이런 회사에 등록되어 있는 의사가 파견된다.

민영화라는 큰 차이가 있지만 미국과 우리나라 상황이 완전히 동떨어진 것만은 아니다. 교정시설에서의 의료에 대한 고민만큼은 두 나라 간 차이가 크지 않았다. 의료진의 부족, 특수한 의료 현장의 어려움, 수용자들의 민원으로 인한 의료방해, 수용 환경에서 기인한 특수한 의학적 문제 등 생각보다 많은 공통점을 확인할 수 있었다.

사회의 특징과 수용자들의 범죄 양상이 서로 달라 생기는 차이도 있었다. 그중 미국교정의료학회는 우리나라 교정시설이 주의를 기울이고 있는 결핵에는 별다른 관심이 없다는 것이 가장 큰 차이점이었다. 유병률이 낮아서 우선순위에 있지 않았다. 현재 그들의 관심사 중 한 가지는 C형간염이다. C형간염의 예방, 조기 진단, 확산 방지, 치료방법 등과 관련한 강좌와 토의가 많았다. 여러 가지 원인이 있겠지만, 미국은 수용시설뿐만 아니라 사회에서도 상대적으로 마약 사건사고가 많다. 그중 주사를 이용한 마약 투약은 우리나라에 비해 절대적으로 많고, 그 특성상 주사기를 통한 감염 우려가 크다. 마약 관련한 감염을 C형간염 확산의 주요 원인으로 생각해 볼 수 있다.

흥미롭게 다가온 또 하나의 차이점은 미국에서는 수용자들이 진료의 대가를 지불한다는 점이었다. 원칙적으로 수용자들이 진료를 원하면 진료를 받을 수 있으며, 이를 위해 이동이 필요하다면 그 비용 또한 수용자 본인이 지불한다. 그럴 상황이 되지 않는 수용자들을 위한 지원 시스템도 마련돼 있다고 한다. 한국에서 수용자들이 지나치게 진료를 많이 나오고, 약을 많이 타 가는 이유 중 하나가 교정시설 내에서 진료를 받을 경우, 진료비와 약값이 전혀 발생하지 않기 때문이라는 의견들이 많다. 1년 내내 감기약, 소화제를 비타민처럼 달고 먹는 것도 본인 부담 비용이 0원이기에 가능할 것이다. 그런 점에서 100원이라도 진료비나 약값을 받자는 의견이 다각적으로 검토될 필요가 있다고 생각한다.

개인적으로는 미국에서 한국의 다른 의무관 선생님들과 교류할 수 있어서 좋았다. 저녁 시간은 항상 그날 학회에서 보고 들은 내용들을 우리나라에 어떻게 적용할지 토론하느라 시간이 훌쩍 지나갔다. 평소에도 국내에서 의무관들이 모여서 교정의료의 각종 주제들과 어려움을 허심탄회하게 이야기할 수 있다면 좋겠다. 교정의료는 의무관 개인이 가진 철학에 따라서 과정이나 결과가 굉장히 달라지기 때문이다.

인권, 정의 그리고 공정한 형사사법. 사회의 다른 많은 영역이 그러하듯, '답'을 찾는 것도 중요하지만 그보다 더 중요한 것은 함께 이야기하고 상의하며 조금 더 나은 방향으로 나아가고자 하는 의지와 열정이다. 미국에 저력이 있다면 바로 이 측면에서일 것이다. 미국에는 교정의료학회가 있고,

교정시설 의사 단체가 있고, 교정시설 품질 관리를 위한 자발적인 조직이 있고, 관련 문제를 심층적으로 다루는 책임감 있는 언론이 있다. 특히, 교정시설 문제를 집중적으로 다루는 마셜 프로젝트Marshall Project, 미국 흑인 최초로 대법관이 된 서굿 마셜을 기리고자 시작된 프로젝트와 같은 언론 단체가 많이 부럽다. 우리나라에도 철학과 행동이 단단한 단체가 시급하다고 느낀다.

마음과 마음은 만난다

사람마다 성격이 다르듯, 의사도 사람이기에 환자와 관계를 맺는 방식은 의사마다 다르다. 어떤 의사들은 환자의 개인적인 삶에는 관여하지 않고 환자와의 거리를 확실히 유지한다. 어떤 의사들은 환자들과 무척 친하게 지내, 친구 같은 사이가 된다.

의사와 환자 관계가 환자의 만족도, 건강과 예후에 영향을 미칠 수 있긴 하지만, 특정 방식이 답은 아니다. 교정시설 의사에게 이 관계 정립은 더욱 어렵다. 우선 수용자를 환자로 보기 어려운 경우가 많다. 대부분 우리의 사고회로는 그들을 환자이기 전에 범죄자로 먼저 인지하고, 동정심보다 두려움이나 분노를 먼저 느끼기 때문이다. 주위의 교도관들도 보통 수용자와의 관계를 너무 깊게 가져가지 말라고 조언한다. 하지만 확실한 건 수용자를 환자로 보지 않으면 의사 스스로 괴롭다는 점이다. 일에서 즐거움을 찾기 어렵다. 자신의 역할이 단순히 '범죄자'들을 치료해 주고 '범죄자'들을 안 아프게 해 주는 것이라고 생각해 보라. 마치 범죄에 가담하는 기분이라고 말씀하시는 선생님들도 있었다.

나는 어떤가? 나는 졸업 후 인턴, 레지던트로 수련을 받기 전에 공중보건의사로 일하러 왔고, 내 동료 의사들이 친절함과 친근감을 가지고 환자를 대하는 태도를 보기도 전에 교정시설에 왔다. 생각해 보면 내가 알 길 없는 세상의 온갖 풍파를 거쳐 내 눈앞에 앉은 수용자들에게 호락호락한 인상으로 비치지 않기 위해서, 친절하기보다 강인한 인상을 심어주려고 노력했던 것 같다. 수용자에게 끌려다니는 진료를 하지 않기 위해, 꾀병 환자 속에서 꼭 치료가 필요한 환자를 걸러 내기 위해 나도 모르게 긴장 상태를 습득했던 것 같다. 이런 생존전략이 나를 단단하게 만들었지만, 동시에 '나는 왜더 친절하지 못한가?'라는 질문을 낳았고 내 인성 탓을 하기도 했다. '이 정도밖에 안 되는 사람이었나' 자문도 자주 했다.

비록 지금도 자책하는 형편이긴 마찬가지이지만, 나는 교정시설의 수용자들이 어떤 범죄를 저질렀든, 나에게 무슨 거짓말을 하든, 우선은 나를 찾아온 나의 환자라고 생각한다. 어떤 이들은 나를 보며 내가 가진 종교의 영향으로 편견이 덜한 거라고, 어떤 이들은 수용자들에게 역전이가 된 것이라고 말한다. 이유는 모르겠다. 테러리스트를 여느 환자와 마찬가지로 대하는 '국경 없는 의사회'의 의사들과 비슷하다고 생각해야 할까. 그렇다고 출소자와 만나 식사까지 하는 선생님들처럼 될 깜냥은 내게 없다. 출소 후 찾아오겠다고 말한 수용자들도 있는데, 마음은 고맙지만 그런 말을 들으면 순간적으로 흠칫 놀라기도 한다. 동시에 오만한 마음도 드는데, '출소 후 다른 사람이 아닌 나를 찾아오면 내가 신경 써서 봐 줄텐데'라는 생각도 품게 되는 것이다. 내세울 만한 것도 아니지만, 이것이 내가 환자에 대해 가지는 진정성이다.

다른 교정시설의 공중보건의 선생님과 이야기를 나눈 적이 있다. 그 선생님은 교정시설에서 의사는 세 부류로 나뉘는 것 같다고 했다. '본인'을 위한 의사, '직원'을 위한 의사, '환자'를 위한 의사가 있다고. 본인을 위한 의사는 본인에게 해가 될 만한 일은 절대 하지 않는 의사다. 즉, 본인이 책임을 질 만한 일이나, 약간의 위험이라도 감수해야 하는 일은 하지 않는다. 따라서 방어 진료 위주며, 환자가 간단한 시술을 원하더라도 외부 병원에 나가서 하게끔 한다. 법적 분쟁의 피곤함을 생각하면 이해가 안 되는 바는 아니다.

직원을 위한 의사는 같이 일하는 직원들을 편하게 해 주는 의사다. 정신과 약을 충분히 줘서 수용자를 재운다거나, 수용자가 부탁하는 것은 웬만하면 들어줌으로써 민원을 만들지 않는다.

마지막으로, 환자를 위한 의사는 수용자가 해 달라는 것을 다 해 주지 않고, 그 사람이 환자로서 받아야 할 치료를 제공하는 데 집중한다. 이 과정이 직원들을 번거롭게 하는 경우가 많으며, 민원이 발생하기도 한다.

그 선생님은 나를 보며 세 번째 부류라고 했다. 이게 꼭 좋은 말인지는 모르겠다. 환자와 동료 모두에게 독선적으로 비치는 의사라는 걸 나도 모르지 않는다. 생긴 대로 살지 않으면 너무 힘들어서, 결국 생긴 대로 사는 탓이 크다. 어떤 종류의 의사든, 환자를 진심으로 위하고 진심으로 대한다면, 그 환자가 수용자이든 수용자가 아니든, 환자도 의사의 마음을 알아준다는 믿음은 있다. 약 문제로 계속해서 갈등을 빚던 마약수가 나에게 보낸 편지는, 감동적인 내용으로 넘쳐나

진 않지만, 그래도 나의 아등바등함을 인정해 주는 것 같아 좋았다. 개인적으로 받은 편지이지만, 이 내용만으로 누군가를 특정할 수는 없을 듯해서 일부를 각색해서 옮긴다.

"직접 만나서 말씀을 드려야 하는데 나름 내성적이라서 엉망이지만 몇 자 적습니다.

선생님, 저도 학생 때는 나름 올림픽이라는 커다란 꿈을 가지고 운동 특기생으로 평범한 꿈을 생각하며 운동도 열심히 하면서 잘 생활했습니다. (중략)

선생님, 저 이 안에서 제 몸 핑계로 약 타 먹으려고 거짓을 이야기하거나 하지 않으니 오해 같은 것 없으셨으면 합니다. 선생님 이야기도 안 좋게 하지 않고요. 직접 이야기를 하면 될 일을 다른 사람에게 이야기를 하는 것을 좋아하지도 않을뿐더러 만약 제가 실수로라도 이야기한 것이 있다면 죄송합니다. 그리고 제가 마약에 찌든 몸이지만 장기기증이랑 언제가 될지 모르지만 시체를 기증하는 것이 있다 들었는데…… 방법이 어찌되는지 서면으로 답 주시면 감사하겠습니다. 직접 뵙고 이야기드려야 하는데 시간도 그렇고 안 좋게 생각하실 수도 있어서 서면으로 드리는 것이니 불편하게 한 부분이 있다면 가방끈이 짧아서 그런 것이니 좋게 봐 주시고요.

많이 바쁘실 텐데 시간 뺏어 죄송하고요.

파이팅하십시오."

이 편지를 받고 짧은 진료 시간에 다하지 못하는 얘기를 이렇게 나눠 준 것에 감사했다.

중독을 포함한 정신질환 문제에 있어, 교정시설 의료진과 수용자 간 관계는 확실히 너무 얕다. 친구처럼 가까워야 한다는 것은 아니지만, 여느 정신과에서 하듯 한 사람의 개인적인 역사에 의사로서 좀 더 귀 기울일 수 있는 환경이 조성되길 꿈꾼다. 한 환자를 오래 보더라도 옆에서 눈치 주지 않는, 진료를 봐야 하니 수용자를 불러 달라고 했을 때 동행할 직원이 없다고 하지 않는 환경. 더불어, 수용자가 사회로 돌아갔을 때 사회의 구성원으로서 굳게 설 수 있기를 정말 간절히 바란다.

이곳은 하나의 세계다. 작은 사회다.

의사로서 분명하게 말할 수 있는 것

2021년 4월, 3년 만에 출소했다. 교정시설에서 근무한 공중
보건의사들은 전역할 때 '출소'라는 표현을 쓴다. 군복무로
온 곳이었지만, 정말 많은 애정과 에너지를 쏟아부은 시간이
었다. 학생 때 봉사활동을 하면서도 보지 못한 의료 사각지
대를 이곳에서 목격했기 때문인지, 아니면 형사사법과 건강
이 교차하는 지점이 매력적이어서였는지 모르겠다. 나름대
로 이곳에서 보다 나은 의료를 제공하기 위해 고군분투했다.
쉽지 않은 환경에서 투철한 직업윤리를 가지고 근무하시는
교도관 분들이 없었다면 불가능했을 것이다. 다시 한번 감사
를 표한다.

의사는 면허증과 함께 완벽한 존재로 태어나는 생물이 아니다. 〈슬기로운 의사생활〉 속 대사처럼 때론 "최선을 다하겠습니다"라는 말밖에 할 말이 없는 지극히 인간적인 존재다. 서른 살, 서른한 살, 서른두 살. 의사로서 첫발을 내딛은 나의 미숙함을 활자로 남기면서 미래에 스스로 부끄러워할 내 모습이 눈에 선하다.

이 책에는 나의 모나고 부족한 부분이 많이 담겨 있다. 군 생활을 마치고 표면적으로는 교정시설과 교정의료의 영역을 떠나지만, 그 시절의 나를 잊지 않고 내가 할 수 있는 일들을 계속해 나가고 싶다. 저술 활동과 연구 활동을 이어 나가고 싶고, 마약을 비롯해서 중독 문제를 겪는 사람들을 위한 재활 프로젝트도 마음이 맞는 동료들과 함께 추진해 보고 싶다.

교정시설에서 근무하며 가장 아쉬웠던 점은 개방성의 부족이었다. 교정시설 담장 안의 문제는 일부 법무부 공무원의 역할과 능력을 뛰어넘는다. 교정시설과 교정의료에 관한 데이터들이 보다 적극적으로 연구자들에게 공유되고 외부 전문가들에게 전달되었으면 좋겠다. 문제가 있다면 누구라도 함께 머리를 맞대고 해결에 발벗고 나설 수 있는 환경이 마련되기를 바란다.

나는 빌런에 열광하지도 않고, 수용자들에게 감정이 전이되지도 않았다. 법과 정의에 따라 행해지는 형법상 처벌은 마땅하다. 거듭 말하지만, 피해자를 향한 관심과 지원은 지금보다 더 절실하게 이루어져야 한다. 하지만 동시에 수용자 모두가 거짓말을 하고 있지도, 모두가 꾀병이지도 않다. 진짜 아픈 사람들이 이곳에 있다. 사진을 싣지 못해 안타까울 정도로 누구라도 보기만 한다면, 자세히 관찰하기만 한다면, 소스라칠 정도로 아픈 환자들이 이곳에 있다. 교정시설에서 나는 그런 환자들을 목격했다.

3년 동안 종종 자괴감에 휩싸이기도 했다. 수용자들의 인권을 지키며 보안 관리를 하느라 고생하는 가운데 그들의 무분별한 고소와 고발로 힘들어하는 교도관들과 동료들을 볼 때 더욱 그랬다. 그러나 지금은 내가 분명히 말할 수 있는 것들을 말하고 싶다. 범죄자이기 때문에, 누군가의 피눈물을 흘리게 한 나쁜 사람이기 때문에 이들에 대한 의료적 필요를 무시하는 것은 인권에 차별을 두는 행위일 뿐만 아니라 또

다른 피해자를 낳는 행위다. 그렇기에 직업인의 한 사람으로서, 의사로서 힘주어 아픈 사람들의 이야기를 전한다. 진짜 아픈 사람 맞다고.

나는 아직 사람을 믿는다. 사람에 대한 기대가 있다. 교정시설이 수용자들에게 단순히 형을 사는 공간을 넘어 지역사회의 건강한 구성원으로 회복하는 기점이 되길 간절히 소망한다. 이 소망이 책을 통해 조금이라도 독자들에게 전달되면 좋겠다.

진짜 아픈 사람 맞습니다

Heartbeat of Prison: Unheard Stories of Sick People

ⓒ 최세진, Printed in Korea

1판 2쇄 2024년 5월 30일

1판 1쇄 2021년 10월 20일

ISBN 979-11-89385-22-4

지은이. 최세진

펴낸이. 김정옥

편집. 김정옥

편집도움. 조용범, 눈씨

마케팅. 황은진

디자인. 나침반스튜디오

종이. 한승지류유통

제작. 정민문화사

펴낸곳. 도서출판 어떤책

주소. 03706 서울시 서대문구 성산로 253-4 402호

전화. 02-333-1395

팩스. 02-6442-1395

전자우편. acertainbook@naver.com 홈페이지. acertainbook.com

페이스북. www.fb.com/acertainbook 인스타그램. www.instagram.com/acertainbook_official

안녕하세요, 어떤책입니다. 여러분의 책 이야기가 궁금합니다.

홈페이지 acertainbook.com
페이스북 www.fb.com/acertainbook
인스타그램 www.instagram.com/acertainbook_official

점선을 따라 가위로 오려서 보내 주세요. 우표 없이 우체통에 넣으시면 됩니다. ✄

보내는 분

이메일

주소

이름

도서출판 어떤책

03706 서울시 서대문구 성산로 253-4 402호

우편요금
수취인 후납
발송유효기간
2023.7.1~2025.6.30
서대문우체국
제40454호

저희 책을 읽어 주셔서 감사합니다. 독자엽서를 보내 주시면 지난 책을 돌아보고 새 책을 기획하는 데 참고하겠습니다.

1. 《진짜 아픈 사람 맞습니다》를 구입하신 이유는 무엇인가요?

2. 구입하신 서점

3. 이 책에서 특별히 인상 깊은 부분이 있다면 무엇인가요?

4. 최세진 작가에게 하고 싶은 말씀이 있다면 들려주세요. 대신 전해 드립니다.

5. 출판사에 하고 싶은 말씀이 있다면 들려주세요.

보내 주신 내용은 어떤책 SNS에 무기명으로 인용될 수 있습니다. 이해 바랍니다.